| 台湾研究系列 |

台湾政治转型与分离主义（1988—2000）

张文生 著

九州出版社 JIUZHOUPRESS | 全国百佳图书出版单位

图书在版编目(CIP)数据

台湾政治转型与分离主义：1988～2000 / 张文生著.
—北京：九州出版社，2012.8
ISBN 978-7-5108-1566-9

Ⅰ.①台… Ⅱ.①张… Ⅲ.①李登辉-分裂主义-批判 Ⅳ.①D618

中国版本图书馆CIP数据核字(2012)第167472号

台湾政治转型与分离主义(1988—2000)

作　　者	张文生　著
出版发行	九州出版社
出 版 人	徐尚定
地　　址	北京市西城区阜外大街甲35号(100037)
发行电话	(010)68992190/2/3/5/6
网　　址	www.jiuzhoupress.com
电子信箱	jiuzhou@jiuzhoupress.com
印　　刷	三河市东方印刷有限公司
开　　本	720毫米×1020毫米　16开
印　　张	11.625
字　　数	185千字
版　　次	2012年8月第1版
印　　次	2012年8月第1次印刷
书　　号	ISBN 978-7-5108-1566-9
定　　价	30.00元

目　录

绪论

李登辉当政12年的时期是台湾社会政治转型的关键时期，由于主客观的多方面原因，李登辉在岛内推行分裂主义的政治路线，主要体现在大陆政策、“务实外交”、“宪政改革”等多方面，并且渗透到社会、经济、文化、教育等诸多领域，给台湾社会尤其是国家认同问题带来了深刻的影响，也使得海峡两岸的统一进程变得更加复杂、艰巨。李登辉的分裂主义政治路线是本文深入研究和阐述的主题，本章针对研究的源起，研究的理论、方法和路径，相关的文献，本文的创新与不足等进行逐一的介绍。

（一）研究的源起

李登辉当政时期是台湾社会政治转型的关键时期。李登辉上台之初，蒋经国留给台湾社会的是追求国家统一、开放两岸探亲、开启政治改革等等政治遗产；李登辉下台后，留给台湾社会的是“两国论”、国民党败选、“台独”活动猖獗等等政治遗产。李登辉治台12年，给台湾社会和两岸关系造成了恶劣的政治影响，“他成功地增大分离主义在台湾的势力”①，“100年来的台湾认同异化因此进入了一个新的阶段”②。李登辉本人也因此被打上了“民族分裂者”的烙印，受到海内外中国人的严厉批判，在中国历史上留下了无法消除的千古骂名，“李登辉是一个民族分裂者。就当代历史潮流而言，分裂不得人心，而他正是一个逆潮流而动的反动者；就中华民族而言，他企图分裂祖国的领土和主权，是一个背叛者；对台湾人民来说，他罔顾民意，是人民利益的损害者；对国际社会来说，他错估形势，是一个‘麻烦制造者’。所有这些都注定了李登辉失败的命运。”③

对于这样一个关键时期的关键人物，及其所推行的分裂主义的内外政

---

① 戚嘉林著：《李登辉两岸政策十二年》，台北戚嘉林，2005年版，第317页。

② 刘国深：“试论百年来‘台湾认同’的异化问题”，《台湾研究集刊》，1995年第3/4期。

③ 新华社评论员：“分裂没有出路”，《人民日报》1999年7月22日。

策，毫无疑问，具有深入研究和分析的现实必要和理论意义。

第一，通过探寻李登辉分裂主义政治路线的主客观原因，有助于我们了解台湾社会、政治和历史的特殊性。“台独、分裂”的政治思潮在台湾社会并不是纯粹思想领域无中生有的产物，而是社会意识对于社会存在的一种特殊反映。台湾民众政治心态受特定时空背景和社会环境的影响，其形成有着诸多复杂的历史背景和现实根源，具体到社会各阶层和个人，情况又千差万别。有的是基于历史记忆，有的是基于个人经历，有的是基于经济利益，有的是基于政治教育，有的是基于舆论影响，种种因素，不一而足。不同的情况和原因造成不同的政治心态，因而呈现出多元化的政治倾向。李登辉经历过日据时期的皇民化教育、战后国民党的白色恐怖统治，其个人政治经历在台湾社会具有代表性。通过对于李登辉个人政治思想及其发展历程的剖析，有助于加深我们对于台湾分裂主义的根源的认识。

第二，通过梳理和分析李登辉时期的台湾政治发展与两岸政治关系，有助于我们进一步理解台湾政治发展的必然性与两岸政治关系的复杂性。20世纪80年代以后，台湾社会面临的内外政治环境发生了巨大的改变，政治发展进入了一个关键性的转型时期，呈现出民主化、本土化、多元化的特点，选举逐渐成为主导台湾政治生活的核心。“人创造环境，同样环境也创造人。”① 政治人物为了谋取政治职位和巩固政治权力，往往不择手段，一方面，试图影响和操纵民意走向、政治发展，另一方面，也不得不顺应政治潮流，迎合民意需求。这也使得两岸政治关系受到岛内政治发展与民意走向的制约，甚至受到台湾对外关系的制约。通过研究和分析李登辉时期的内外环境，有助于我们总结历史经验，加强涉台政策分析与理论研究的客观性和全面性。

第三，通过研究和剖析李登辉时期台湾当局的政治主张和内外政策，有助于认清李登辉分裂主义政治路线的危害，有利于警示两岸人民共同防范岛内分裂主义的威胁。分裂主义在台湾社会有种种表现形式，其中有些是显性的，是明显的，是赤裸裸的“台独”主张和政策，易于为人们所认清和批判；但也有些是隐性的，是隐藏的，是被掩饰过的分裂主义主张和政策，具

① 《马克思恩格斯选集》(第一卷)，人民出版社，1972年版，第43页。

有极强的欺骗性，具有更大的危害性。作为李登辉分裂主义政治路线表现形式的种种政治主张，有的仍旧披着“一个中国”的政治外衣，有的打着“国家统一”的伪装旗号，有的粉饰着“民主、自由、爱台湾”的政治色彩，也因此，李登辉的分裂主义政治路线曾被称作“独台”、“隐性台独”、“B型台独”等等。在李登辉当政时期，“国民党由于其党内派系矛盾及其政治需要，其‘独台’路线表现得比较隐蔽，更多的是在一个中国（或‘中华民国在台湾’）的掩护下寻求重返联合国，与大陆形成一个中国名义下两个互无统属关系的‘独立政治实体’。其‘独台’倾向隐含在其大陆政策及外交政策中。”① 由于李登辉的分裂主义政治路线仍然披着“中华民国”的外衣，更加具有欺骗性，因而具有更强的危害性。剖析李登辉分裂主义政治路线的种种表现和危害，吸取历史的经验教训，警示两岸人民，尤其是台湾当局的后继者，只有坚持一个中国原则，才能维护两岸关系的和平与稳定。维护国家领土与主权完整，是中华民族的最高利益，任何形式的分裂主义都将遭到海内外中国人的共同唾弃，任何形式的分裂政策都得不到海内外中国人的认同。

当然，作为笔者个人，选择李登辉分裂主义政治路线作为研究的主题，直接原因是笔者参加了林仁川教授所主编的《台湾通史》多卷本中当代历史部分的撰写。在研究和撰写的过程中，对李登辉执政十二年的方方面面进行了较为全面和完整的梳理，并且接触和翻阅了李登辉时期台湾当局内外政策的文献、资料和相关著述，积累了较为丰富和全面的文献资料，为进一步深入研究李登辉分裂主义政治路线打下了现实的基础。

（二）研究的理论、方法和路径

近年来，在台湾问题研究中，哲学、政治学、社会学等学科的理论得到广泛应用，本文也试图应用政治学中政治社会化的理论解释李登辉浓厚的日本情结形成的过程，当然，这只是在文中局部性的解释与运用。作为全局性的理论应用，它必须是对全文所阐述的主题的因果关系具有解释性的意义。“理论是对同一类现象发生的原因或导致的结果进行描述和解释的一般性陈述，它由因果规律或假设、解释以及前提条件几部分组成。”“理论是一种因果规律（我已确定A导致B）或因果假设（我猜测A导致B），以及对这种

① 毛仲伟：“‘台独’与‘独台’的同一性和差异性及走向”，《台湾研究集刊》1994年第1期。

因果规律或假设的解释，从而说明A是如何导致B。”[①] 本文主要应用马克思主义的唯物史观，即社会存在决定社会意识的理论来解释李登辉分裂主义政治路线的根源、表现及其发展。

马克思主义唯物史观认为，社会存在决定社会意识，社会意识依赖于社会存在、反映社会存在。李登辉分裂主义的政治路线虽然不为我们所喜欢，也是应当谴责与批判的错误路线，但是，它作为台湾特殊历史阶段的社会意识，依然是台湾社会存在的反映。“社会意识的内容有正确的，也有错误的，但不管正确还是错误，都是社会存在的反映，都可以在现实社会生活中找到它的根源。”[②] 李登辉分裂主义的政治路线是百年来台湾社会特殊历史经验的现实反映，也是20世纪80年代以来台湾政治发展特殊历程的客观产物，是百年来“台湾认同”异化的一个历史阶段。马克思和恩格斯在《德意志意识形态》一文中指出：“不是意识决定生活，而是生活决定意识。”[③] 李登辉分裂主义政治路线的形成和建构，是由李登辉个人及其台湾社会特殊的社会存在所决定的，是对台湾特殊社会存在的反映，虽然某种程度上是虚幻的、错误的反映。“如果这些个人的现实关系的有意识的表现是虚幻的，如果他们在自己的观念中把自己的现实颠倒过来，那么这还是由他们的物质活动方式的局限性以及由此而来的他们狭隘的社会关系所造成的。”[④]

由于社会存在决定社会意识，由此也形成本书的结论，即李登辉分裂主义政治路线带来的最大恶果，是“台湾认同”的日益“台独化”倾向。因此，只有改变台湾客观的社会存在，才能最终改变台湾的社会意识。通过两岸交流等手段，逐渐促成两岸经济、社会、文化、教育、政治的一体化，彻底改造“台独、分裂”思潮的社会存在环境，最终才能完成“台湾认同”异化的社会意识的改变，从根本上消除分裂主义的经济、社会、文化和政治根源。

---

① ［美］斯蒂芬·范埃弗拉著，陈琪译：《政治学研究方法指南》，北京大学出版社，2006年版，第8、9页。

② 李秀林、王于、李淮春主编：《辩证唯物主义和历史唯物主义原理》，中国人民大学出版社，1984年5月第2版，第359页。

③ 《马克思恩格斯选集》(第一卷)，人民出版社，1972年版，第31页。

④ 《马克思恩格斯选集》(第一卷)，人民出版社，1972年版，第30页注①。

本文的研究方法主要是历史方法，“所谓历史方法，是研究社会科学常用的基本方法之一，它指的是根据事物存在的具体历史条件，从它的发生、发展过程，进行研究的一种方法。”① 李登辉的分裂主义政治路线，有一个形成、发展的历史过程，本文采用历史方法，对它进行了较为全面的描述和剖析。其中包括对李登辉权力之路影响深远的国民党内流派斗争的发展，20 世纪 80 年代末至 2000 年两岸政治互动的演变，李登辉时期台湾当局对于两岸关系政治定位的变迁，台湾当局“务实外交”与“宪政改革”的发展历程等等。

“历史方法就是按照发展的过程，把过去的政治现象置于特定的历史背景中进行研究的方法。”② 李登辉的分裂主义政治路线曾经是影响两岸关系的重要政治现象，当李登辉已经逐渐走入历史，当李登辉时期的种种政治恩怨逐渐为人们所淡忘，把李登辉的分裂主义政治路线放在台湾社会政治转型与两岸关系演变的历史背景中，人们可以更加理性、更加清晰地看清楚李登辉分裂主义政治路线的来龙去脉和发展演变。经过一段时期的沉淀之后，人们对于相关的历史资料可以更加有效地比对，去伪存真，还原历史的本来面目。当然，并非所有的历史事实都已经公开，并非所有的历史档案都已经解密，比如 20 世纪 90 年代初的两岸密使在香港的会谈，至今仍然只能是个别报刊只言片语的提及，因此，本文对两岸密使的相关历史并未涉及。

本文从李登辉分裂主义政治路线的根源、背景、表现、危害等多个层面进行综合分析，深入解读，以期通过历史事实的归纳总结，揭示李登辉分裂主义路线的政治本质，揭示李登辉分裂主义政治路线种种表现形式和严重后果。首先，探寻了形成李登辉分裂主义政治路线的思想、政治与社会根源，对李登辉个人的思想历程以及台湾社会的特殊环境进行剖析；其次，从李登辉夺取和巩固权力之路，以及两岸政治关系的演变过程，分析李登辉分裂主义政治路线的现实政治背景；再次，从李登辉主政时期的大陆政策、“务实外交”和“宪政改革”三个层面集中分析了李登辉分裂主义路线的现实政策

① 陈孔立著：《台湾学导论》，台北博扬文化事业有限公司，2004 年版，第 202 页。

② 陈振明主编：《政治学——概念、理论和方法》，中国社会科学出版社，2004 年版，第 69 页。

表现；最后，通过批判李登辉分裂主义的危害，揭示其给台湾社会和两岸关系带来的现实影响。

（三）文献浏览

由于历史的方法是本文研究的主要方法，笔者主要是通过文献资料收集、整理、分析的方法研究相关的历史事实。虽然本文也试图引用台湾的相关民意调查资料，但定量的数据分析并非本文的主要研究方法。李登辉的分裂主义政治路线曾经长期主导台湾当局的内外政策，涉及的层面既深又广，相关的文献资料更是浩如烟海。如何取舍和运用相关的文献资料从一开始就是困扰笔者的主要问题，在研究的过程中，笔者不得不根据研究的相关内容的需要而重点应用不同的文献资料。

对于李登辉分裂主义政治路线的研究，相关的文献资料主要分布在李登辉个人研究，以及李登辉时期台湾的政治发展研究、两岸政治关系研究、台湾当局的内外政策研究等四大领域。笔者虽然尽可能提供全面、系统的历史事实描述和分析，然而，相关的历史事实散见在大量的书籍、政治文件、报刊当中，这也使得本文的研究受个人的能力、精力、时间、知识以及本文的篇幅所限，难免挂一漏万。因此，有必要对本文应用的相关的文献资料作全面的浏览，以使相关的读者对本文的研究资料来源有所了解。

1. 有关李登辉个人研究的文献资料

有关李登辉的个人研究，主要集中在对于李登辉早年生活经历的研究和当政时期两个阶段的研究。前者由于历史资料的缺失，很大一部分来源于李登辉本人及其早年友人的相关回忆；后者既有李登辉本人的回忆，也有一些长期报道李登辉新闻的记者的整理回顾。

对于李登辉早年生活的研究，其中包括李登辉本人的片断回忆，但这方面的资料不多，其中李登辉与日本作家中嶋嶺雄合著的《亚洲的智略》、李登辉著的《台湾的主张》对其个人青少年时期有所回忆，但也回避了参加中共等等历史事实。关于李登辉的早年生活，1995 年范昭明著的《少年李登辉》有了较为全面的描述，由于作者进行了实地的走访，资料也相对可靠。2008 年台湾历史学者张炎宪出版口述历史《李登辉“总统”访谈录——早年生活》，是李登辉对自己早年生活经历和思想历程的较为完整、详细和全面的叙述，具有重要的参考价值。至于李登辉参加中共的历史，1988 年李敖就

言行、内容、本质和影响均作了深入的剖析。

对于李登辉时期“务实外交”政策的研究，2000年刘国奋教授出版的《台湾的“务实外交”》是大陆学者的代表作，对李登辉时期的“务实外交”政策有较为全面和系统的分析。至于学术论文，大陆学者的相关研究也非常深入，如1995年萧敬、张黎宏发表“论台湾推行‘务实外交’对两岸关系发展的冲击”；1996年陈萍发表“试析台湾当局的‘务实外交’”；1997年赵宝煦教授发表“台湾问题：影响中美关系的重要因素”；1999年汪慕恒发表“台湾当局的‘南向政策’评析”；2000年谢郁发表了“1999年台湾‘务实外交’评析”，刘国奋发表了“李登辉‘务实外交’综评”；2001年孙云、董云发表“冷战后的中日关系与台湾问题”；2003年冯邦彦、赖文凤发表“台湾当局‘南向政策’透视”等等。这些论文对于李登辉时期台湾当局推行的“务实外交”政策的各个方面均有所涉及，揭露了李登辉“务实外交”政策的分裂主义政治本质。

大陆学者对于台湾当局在20世纪90年代以来推行的“宪政改革”也进行了深入的研究和分析。1992年王升发表的“台湾‘宪政体制改革’及其影响”对于台湾当局两阶段“修宪”及其影响具有较为全面的论述；1994年杨立宪发表的“台湾‘宪政改革’再透视”，对台湾当局前三次“宪改”的影响进行了剖析；1995年盛健、党朝胜发表“试论台湾‘宪改’的法律作用”，对台湾“宪改”的政治与法律后果进行了分析；1997年张文生发表的“台湾第四次‘修宪’与岛内政治斗争”对台湾当局的第四次“修宪”的背景、斗争、内容和影响都有全面的分析和论述。

台湾对于李登辉时期的内外政策的文献资料则更加丰富。台湾官方汇编的文献资料包括李登辉的讲话，如台湾当局“行政院新闻局”历年出版的李登辉《言论选集》，尤其是1991年出版的《统一是中国唯一的道路：李登辉先生言论选粹》，1992年出版的《开创未来——迈向中华民族的新时代》，已经成为对李登辉分裂主义政治路线的历史反讽。此外，台湾当局“外交部”出版的历年的《“外交”年鉴》也是研究台湾对外关系的重要资料。

台湾学者的研究成果也是重要的文献资料来源。1996年台湾记者张慧英出版了《超级外交官：李登辉和他的“务实外交”》一书，对李登辉当政前期的“务实外交”作了详细的纪录。2005年戚嘉林博士出版《李登辉两岸政策十二年》一书，对李登辉两岸政策的背景、战后台湾的历史进行了分析，有关李登辉两岸政策部分反而着墨不多。2006年黄子华出版《李登辉的“治国理念”与政策》一书，对于李登辉的“务实外交”、南向政策、大陆政策及其背景有所分析，但是显得结构较为凌乱。台大教授李炳南出版了多部著作，对李登辉时期的历次“修宪”进行了持续的研究，如《“宪政”改革与“国是”会议》(1992年)、《不确定的“宪政”——第三阶段“宪政”改革之研究》(1998年)、《二〇〇〇年台湾“宪改”》(2004年)等论著，当然，他的研究更加侧重于从“宪法学”的角度进行学理的分析。而2002年台大的陈新民教授编撰出版的《1990年—2000年台湾“修宪”纪实——十年“宪政”发展之见证》一书，对李登辉时期的“宪改”进行了全面的记录，则是研究台湾“宪改”史实的非常实用的资料整理和汇编。

另外，台湾的博硕士论文中也有以李登辉时期及其内外政策为主题进行撰写的，如2001年台湾师范大学硕士研究生曾丽倩撰写的毕业论文《李登辉时代第四次“修宪”议题之探讨——以“中央政府体制”为例》；2004年台大“国发所”硕士研究生黄安然撰写的毕业论文《李登辉与战后台湾“宪法”变迁》；2007年中兴大学国际政治研究所硕士研究生赖志远撰写的毕业论文《李登辉主政时期美中台三边关系之研究》；2007年台湾政治大学政治学系博士研究生苏子乔撰写的博士论文《台湾“宪政体制”的变迁轨迹(1991—2006)——历史制度论的分析》；2008年暨南大学公共行政与政策学系硕士研究生李昭铃撰写的毕业论文《李登辉政治领导风格之研究》等等。

（四）结构与主要内容

政治路线（political route)，是相对于具体工作路线而言，又称为“基本路线”。政治路线是某个政党或政治组织在一定历史时期内为实现其纲领和目标而确定的政治目标和根本途径。政治路线属于社会意识的范畴，对于政治组织所有的政治行为和政治活动具有指导性的意义。李登辉的分裂主义政治路线是指李登辉当政时期以分裂为指向的意识形态和内外政策的总和，核心是李登辉对于两岸关系的政治定位，具体表现在大陆政策、“务实外交”和“宪政改革”等内外政策中。毫无疑问，李登辉的分裂主义政治路线也体现在台湾当局“去中国化”的文化政策和“戒急用忍”的经济政策中，但限于篇幅和本文把焦点集中在政治路线，本文对于李登辉分裂主义在经济、文化和其他方面的表现未再涉及。

本文在结构上分为六部分，除了第一部分绪论，其余各部分分别论述了李登辉分裂主义政治路线的根源、现实背景、历史发展、政策表现、危害与批判。

绪论，介绍了本文写作的源起，对李登辉分裂主义政治路线进行研究所使用的理论、方法和路径，对本文研究所涉及的文献资料进行了较为详细和全面的介绍，对李登辉分裂主义政治路线的概念进行了界定，对本文的结构与主要内容作了分析，简要介绍了本文的主要创新点与不足之处。

第一章李登辉分裂主义政治路线的根源，从思想根源、社会与政治根源两个层面进行分析。李登辉个人早年的生活经历和接受的教育使他个人形成了浓重的日本情结，留下了对国民党政权白色恐怖统治的深刻记忆，个人的生活空间和权力斗争的现实使李登辉体现出深厚的本土意识，这些都为李登辉分裂主义政治路线的产生准备了主观条件。当然，李登辉当政后面临的台湾政治转型的必然趋势和权力斗争格局的挤压，以及台湾社会的开放与多元，也为李登辉分裂主义政治路线的形成提供了客观条件。

第二章李登辉分裂主义政治路线产生与发展的现实背景，从岛内政治斗争与两岸政治互动两个方面勾勒了李登辉分裂主义政治路线产生与发展的时代背景。国民党内流派斗争交织着权力斗争、省籍矛盾、统“独”冲突的现实，使李登辉难以摆脱从政治上倒向分裂主义的格局；两岸政治互动尤其是两岸谈判中的政治议题，使两岸在“一个中国”原则上的冲突日益激烈和突出。

第三章李登辉分裂主义路线在两岸关系政治定位中的表现。李登辉时期台湾当局对于两岸关系政治定位经历了三个时期的发展，提出过“对等政治实体”、“分裂分治”、“中华民国在台湾”、“阶段性两个中国”、“一个分治的中国”等主张，1999 年李登辉抛出的“两国论”则是李登辉分裂主义政治路线的总汇。本章分两节，第一节李登辉时期台湾当局对于两岸关系政治定位的演变，对李登辉的分裂主义言行进行了历史性地梳理；第二节李登辉抛出“两国论”的背景及其影响，则对李登辉“两国论”主张的背景、本质及其影响进行了深入分析。

第四章李登辉分裂主义路线在“外交”与“宪改”领域的表现，对李登辉分裂主义路线在台湾当局的“务实外交”和“宪政改革”中的表现进行了分析，对李登辉时期台湾当局的“务实外交”和“宪政改革”的进程作了历史性的记录和剖析。

结语，对李登辉分裂主义政治路线的危害和影响进行了集中分析与批判，指出李登辉分裂主义政治路线带来的最大恶果，是“台湾认同”的日益“台独化”倾向。并且指出只有台湾的社会存在发生革命性的改变之后，才能最终消除分裂主义的社会意识。

（五）创新与不足

李登辉主政期间，大陆学者以及社会各界对李登辉的分裂主义言行多有分析和批判，但是在李登辉下台后，从一个较为全面的回顾的视角重新审视和研究李登辉时期推行的分裂主义路线，本书是大胆的尝试。作者努力遵循“历史地、全面地、实事求是地认识台湾”的宗旨，在以下几个方面实现研究和理论的创新。

第一，本书从李登辉早年生活经历和接受的教育来分析李登辉分裂主义的思想根源，具有一定的突破和创新。虽然一些台湾学者也对李登辉早年的接受皇民化教育的背景有所揭露，但是并不客观和全面。作为一个复杂的、现实的人，李登辉的早年生活和受教育经验在台湾社会具有典型性和代表性。二战以后，台湾民众从民族矛盾的斗争中解放出来，随即又陷入了阶级矛盾的斗争中。处在双重矛盾中的台湾本省籍民众，并不像中国共产党领导下的大陆人民对民族矛盾与阶级矛盾有清晰的划分。以李登辉早年经历为典型的台湾战后历史经验，使得台湾民众在认同问题上产生了迷茫与异化，给李登辉时期分裂主义政治路线的推行埋下了思想根源。本文在较为完整地收集和分析李登辉早年经历的相关资料的基础上，客观地论述了李登辉早年经历在思想上留下的深刻影响。

第二，本书试图突破原有的以李登辉言论和主张为对象的研究范式，而把李登辉的分裂主义言行放在一个更加深远和宽阔的历史和现实背景中加以分析。从而可以看到，李登辉分裂主义政治路线作为台湾的社会意识，作为中国历史的一部分，具有特殊性；然而，作为台湾的历史和现实的一部分，则具有普遍性。李登辉的分裂主义政治路线并不完全是李登辉的个人意识的表现，而是台湾社会一部分人的政治意识的集中表现，是台湾的社会意识对于台湾特殊的社会存在的反映。战后台湾经济的发展为台湾社会政治的转型奠定了经济基础，中产阶级的壮大为台湾社会政治的转型奠定了社会基础，“党外运动”的兴起和民进党的成立则为台湾社会政治的转型奠定了组织基础。20世纪80年代中期以后，台湾社会的民主化、多元化、本土化转型成为无法阻挡的历史潮流，同时也给分裂主义思潮的泛滥提供了发展空间，进一步强化了台湾民众对于祖国大陆的政治疏离感。李登辉分裂主义政治路线是对台湾社会存在的反映，是台湾社会现实在意识形态领域中的集中表现。

第三，本书系统和全面地梳理了李登辉分裂主义路线在两岸关系政治定位、“务实外交”、“宪政改革”三个层面的表现。对于台湾当局的两岸政治定位作了三个阶段的划分，并指出“两国论”是李登辉分裂主义政治路线的总汇，是李登辉对其90年代“修宪”的阶段性总结。本文也指出，李登辉主导的90年代台湾“宪改”具有适应台湾社会多元化、政治民主化的现实需要，然而，在六次“修宪”的过程中，始终或明或暗地存在着激烈的统“独”对立和斗争。

第四，本书运用马克思主义唯物论，客观、全面地研究了李登辉分裂主义政治路线的根源和背景，探析了李登辉早年经历、台湾社会政治发展趋势、国民党内的流派斗争、两岸政治互动对于李登辉分裂主义路线形成与发展的因果关系。并进一步指出，解决台湾分裂主义社会意识的根本在于改变台湾的社会环境，消除台湾分裂主义意识的社会基础。只有台湾的社会存在发生根本性的改变之后，才能最终消除分裂主义的社会意识。

当然，由于资料来源和研究方法所限，本书也存在着一些不足之处，如缺乏对于李登辉中年时期的研究，尤其是李登辉前后两次赴美留学，对李登辉政治思想的形成产生了较大影响，相关资料有待进一步搜集和补充；对于李登辉分裂主义路线在文化、教育、经济领域的表现，也有待于进一步研究和充实；部分资料转引自新华通讯社的内部刊物《台港澳情况》以及《台湾问题文献资料选编》等书，造成个别引文注释的规范不一致的情况。

一、李登辉分裂主义政治路线的根源

第一节　李登辉分裂主义路线的思想根源

“社会意识是指社会的精神生产过程，是对社会存在的反映，包括人们的政治法律思想、道德、艺术、宗教、科学和哲学等意识形态及感情、风俗习惯等社会心理。”① 根据社会意识对社会存在反映的不同层次，可以分为社会心理和社会意识形式，其中社会心理是直接与日常生活相联系的一种自发的、不定型的意识；社会意识形式是反映社会存在比较自觉的、定型化的意识；社会心理对于社会意识形态的形成起着奠基与推动作用。李登辉在其执政中期以后暴露出来的分裂主义政治路线，既是台湾社会发展客观现实推动下的结果，也是李登辉个人长期以来深藏内心的政治心理逐渐发展成为社会意识形式的产物。应当指出，李登辉的青少年时代，并没有明显而浓烈的“台独”意识，个人的心理体验才是李登辉在青少年时期的关注焦点，其中包括“男女之间的感情问题”、“生与死的问题”、“社会的不公平问题”等。随着年龄的增长，李登辉开始对中国问题感兴趣，但是由于他个人特殊的政治经历，以及受日本教育的影响，对中国政治、经济、社会、文化等方方面面怀抱着深刻的批判态度。这是导致其执政后推行分裂主义路线的思想根源。“思想、观念、意识的生产最初是直接与人们的物质活动，与人们的物质交往，与现实生活的语言交织在一起的。观念、思维、人们的精神交往在这里还是人们物质关系的直接产物。”② 当然，李登辉早年的社会经历也是台湾社会特殊的社会存在，李登辉个人生活与成长经历在台湾社会具有一定的典型性，李登辉及其同时代的许多台湾民众在相似的历史际遇中形成了相近的社会意识。

---

① 《中国大百科全书·哲学卷》，中国大百科全书出版社，1987 年版，第 753 页。

② 《马克思恩格斯选集》（第一卷），人民出版社，1972 年版，第 30 页。

（一）李登辉浓厚的日本情结

1984年2月15日，国民党召开“十一大一中全会”，蒋经国提名李登辉为“副总统”候选人，在提名书中写道：“李登辉同志为台湾省台北县人，出身农家，少时即痛心邦国为日人侵凌，富有民族意识。”① 然而，蒋经国恐怕想不到，10年以后，继任者李登辉却常常以“22岁以前是一个日本人”自居，一个所谓“富有民族意识”的人竟然表现出如此浓厚的日本情结。

1994年4月，日本《朝日新闻》发表李登辉与日本作家司马辽太郎的对谈录，即“孤岛的痛苦——生为台湾人的悲哀”一文。“谈话”被认为是李登辉“内心秘密的一次大曝光”②，李登辉在对话中称自己“22岁以前是一个日本人”。22岁以前正是一个人身心健康、思想感情、政治意识形成的过程，是认识政治世界的过程，是政治体系经由各种途径，使其成员发展出共同的“认同”、“政治价值”和“政治效忠”的过程，即政治社会化的过程。“政治社会化过程有一个特性，便是政治体系的成员在早期经验中所获得及形成的政治认同、价值及效忠，一旦生根，便很不容易加以改变，而成其性格的一部分”。③ 李登辉出生、成长、接受教育都是在日本殖民统治台湾的时代，他的内心自白无疑揭示出日本文化对其政治社会化的深刻影响。

理查德·E·唐森和肯尼斯·普热维特认为，政治社会化是公民获得其对政治世界的认识的过程，是一代人将其政治标准和信仰传给下一代的一种方式。④ 政治社会化的途径包括家庭、学校、社会共同体和大众传播媒介四种主要途径。李登辉成长的过程正是日本对台湾的殖民统治相对稳固的阶段，其政治社会化的途径都不可避免地受到日本殖民统治的影响和控制。

1. 家庭途径

李登辉是1923年1月15日出生于台北县三芝乡埔坪村源兴居，其父亲是李金龙，母亲是江绵，为地方保正之女。出生和成长于台湾人的家庭，李

---

① 转引自邹景雯：《李登辉执政告白实录》，台北，印刻出版有限公司，2001年版，第59页。

② 本刊编辑部：“一个中国”的原则不容动摇，《台湾研究论坛》1994年7月试刊号，第1页。

③ 王云五等编纂：《云五社会科学大辞典：政治学》台湾商务印书馆1973年出版，第191—192页。

④ Dawson E. Richard and Kenneth Prewitt：《Political Socialization》，Boston：Little，Brown and Company，1969，P. 4.

登辉不可能没有日据时期台湾民众受日本殖民者歧视的普遍感受。但是相对而言，李登辉的家庭又是附属于并为日本殖民统治服务的家庭，李登辉的父亲李金龙毕业于日据时期的警察学校（警察官练习所），曾经担任10多年的刑警。李登辉曾经非常自豪地表示："当时在台湾，仅有少数人能就读警察学校，和公费师范学校毕业的老师一样，都属于社会的'菁英阶层'。"① 正是出生于日据时期相对富裕的菁英阶层、统治阶层的家庭，支撑了李登辉求学的道路，形塑了李登辉最初的社会意识，甚至反映在李登辉外在的性格中，即强烈的自我意识、孤傲的性格。这种性格甚至于对成年后的李登辉仍然产生了深刻的影响。此外，李登辉在家排行老二，其长兄为李登钦，1940年日本在台湾推行改姓名运动，李登辉曾改名为岩里政男，李登钦改名为岩里武则。1945年李登钦为日军征召远赴南洋，战死在菲律宾，这也为李登辉当政后有意访问日本并参拜靖国神社找到了借口。可见，李登辉执政时表现出强烈的亲日色彩和自我倾向，与他成长的家庭背景不能说没有关系。

2. 学校途径

李登辉在日据时期经历了求学的小学、中学和大学三个阶段，而且这三个阶段均是在日本人所控制的学校或日本的学校就读的。李登辉所接受的教育是日本式的教育，教师大多是日本教师，在学校用日语教材，灌输日本军国主义思想。李登辉曾经自己承认："我接受正统的日本式教育，当然也深受日本传统的影响"。②"我成长于日本统治时期的台湾，所以先是接受正统的日本教育，战后接受中国的教育，然后又到美国留学。但对我的人生而言，影响最大的，还是日治时代的教育"。③

① 李登辉：《台湾的主张》，台北，远流出版事业股份有限公司，1999年，第36页。

② 李登辉：《台湾的主张》，台北，远流出版事业股份有限公司，1999年，第41页。

③ 李登辉、中嶋嶺雄著，骆文森，杨明珠译：《亚洲的智略》，台北，远流出版事业股份有限公司2000年版，第129页。

表 1：李登辉的在日据时期的求学经历

时间	学校	年级	备注
1929 年	汐止公学校	一、二、三年级	李登辉 6 岁开始上学，小学阶段，李登辉因父亲工作关系频繁转学，先后读过四所小学。
1931 年	南港公学校	三年级	
1932 年	三芝公学校	四、五年级	
1934 年	淡水公学校	六年级	
1935 年	淡水公学校	高等科	李登辉 12 岁小学毕业，未能考上师范学校和中学，只好返回淡水公学校读高等科。
1937 年	台北国民中学	一年级	
1938 年	淡水中学	二年级	
1941 年	台北高等学校		
1943 年	日本京都帝国大学农学部农林经济学科		1945 年日本战败，1946 年李登辉返台改读台湾大学农业经济系。

资料来源：作者根据李登辉著《台湾的主张》第 316－319 页，附录二："李登辉先生年表"整理制表。

政治社会化是政治文化的教育训练过程，学校是政治社会化的重要载体，是正式的、有效的和系统化的政治社会化渠道。学校通过正规的、系统的、长期的教育，有意识、有目的地将统治阶级所确立和推崇的政治文化、价值判断和意识形态灌输给学生。一个人受教育时间越长，其政治兴趣越浓，参与意识越强，对政治的认知也越系统和完整，对一些基本政治价值的认识也越深刻。① 相对而言，李登辉在中小学时期学习是比较刻苦认真的，深受日本老师的喜爱。"如果说小学时代的到处'漂泊'转学锻炼了李登辉的胆量和适应各种社会环境能力的话，那么，中学时代对李登辉人生观的形成则起了十分重要的作用，尤其是日本校长有坂一世的育人方法，可谓是直

① 陈振明主编：《政治学》，北京，中国社会科学出版社，1999 年，第 533 页。

接塑造了李登辉的个性”。① 李登辉在淡水中学曾经担任班长，每天早晨负责升旗，在同学们的立正注目礼和日本国歌声中把日本国旗升上旗杆。

日本教育不仅培养了李登辉对于日本的认同感，而且也深刻影响到李登辉对于中国的看法。在台北高等学校时期，李登辉受到教“中国史”的日本老师鹽見薰“以马克思主义的历史观，来谈中国的历史”的影响，对近代中国的苦难历史有所认识，“那真是一种强烈体验”。正因为鹽見薰的影响，李登辉原本对西方历史感兴趣，转而试图研究中国问题，然而要解决中国问题最大的关键就是农业问题，因此他后来选择到日本京都帝国大学读农业经济。②

3. 社会共同体途径

通过社会共同体的政治社会化过程也能改变个人的政治倾向。社会共同体（或利益团体）是社会地位、利益相近，信仰大致相同，具有某种共同志趣的人组成的，诸如政党、工会、学会、协会、俱乐部，甚至包括非正式组织等。③ 由于日本殖民当局的严密控制，李登辉在日据时期所能参加的社会团体并不多，但其所参加的个别团体和组织仍然给李登辉的内心留下了深刻的痕迹。比如，李登辉在淡水中学读书时曾经学习柔道和剑道，其剑道水平还达到了初段资格，被称为“剑道少年”。剑道和日本“武士道”精神密切相关，对李登辉的思想产生了影响，使李登辉认为日本文化比中国文化优秀，2003 年李登辉以日文出版过《武士道解题》一书，仍然不合时宜地向日本人鼓吹“武士道”精神。

1943 年李登辉从台湾高等学校毕业，前往日本就读京都帝国大学农学部农林经济学科。1944 年 1 月，李登辉在日本“志愿”参军服兵役，曾担任日本帝国陆军少尉，还曾被派遣回台湾到高雄西子湾的高射炮中队见习受训。1945 年 1 月到 1945 年 6 月，李登辉在日本“千叶高射炮学校”接受了半年的军事训练。在日本读书期间的台湾同乡和日本军队中的台籍战友，在李登辉早年的生活中也留下了深刻的记忆。在日本殖民统治下，台湾人被视为二

① 李晓庄：《揭李登辉底牌》，香港，利文出版社，1996 年版，第 56 页。

② 李登辉：《台湾的主张》，台北，远流出版事业股份有限公司，1999 年，第 44—45 页。

③ 陈振明主编：《政治学》，北京，中国社会科学出版社，1999 年，第 533 页。

等公民，李登辉虽然在日本读书，接受日本教育，参加日本军队，但是在日常生活中相处和交往的对象仍然是以台湾同乡为主。李登辉在京都帝大读书时与大部分台湾学生都住在“日独寮”，“在台湾时，我本来都讲日本话，在日独寮那里，我常常和他们讲台湾话，好像在向他们学台湾话一样，所以后来我说的台湾话有台南腔”。[①] 在高雄的高射炮中队服役时，李登辉与郭婉容的前夫刘庆瑞有密切的交往，“我也和他讨论过《浮士德》，他对这方面有很特殊的研究，我们也对人生问题深入交换意见，有这种机会很好、很难得。”[②] 1945 年 1 月，李登辉坐船到日本“千叶高射炮学校”的途中曾经有过一次大陆经验，在青岛住了三、四天，他看到“山东大汉大块又黑，穿了很厚的铺棉衣服，脸上流鼻涕，都住在仓库里”，给他留下了深刻的印象，“中国人实在很可怕，在这种生活情况下，都能够活下去，他们人多、又勇壮”，因此，他认为日本一定会战败[③]。日本战败后，李登辉在返台之前在东京住了两个多月，与组织“新生台湾建设研究会”的朱昭阳等人交往，受共产主义思想的影响，甚至去东京火车站迎接从延安返回日本的共产党人野坂参三。当时，李登辉也与主张“台独”的廖蔡绣鸾、邱永汉等人也有过交往。

4. 大众传播媒介途径

大众传播媒介也是政治社会化的重要途径，它一般包括报纸、杂志、广播、电视、书籍、网络等，是在社会中大量传播信息的公开载体。大众传播媒介的特点是无时无处不与社会成员接触，其形式纷繁和易于接受，是其他途径所难以比拟的。[④] 李登辉中小学时期就属于学习较为认真和刻苦的学生，阅读内容广泛，其中大部分是日本书籍，如日本名著《古事记》、《玉胜间》、《源氏物语》、《枕草子》、《平氏物语》，以及《漱石全集》、《三太郎日记》、《善之研究》等等，还包括一本花了其父亲一成半薪水所购买的日本出版的

---

① 张炎宪主编：《李登辉“总统”谈访录一：早年生活》，台北，允晨文化实业股份有限公司，第 95 页。

② 张炎宪主编：《李登辉“总统”谈访录一：早年生活》，台北，允晨文化实业股份有限公司，第 101 页。

③ 张炎宪主编：《李登辉“总统”谈访录一：早年生活》，台北，允晨文化实业股份有限公司，第 105 页

④ 陈振明主编：《政治学》，北京，中国社会科学出版社，1999 年，第 533－534 页。

《儿童百科辞书》。李登辉自己承认："当时，我光是'岩波文库'的书，就有七百册之多"，"我向来热衷研读日本思想家和文学家的著作，所以日本思想对我的影响很大"。[①]"新渡户稻造的《武士道》（现在由岩波文库出版）对我就有很深刻的影响。所谓的武士道，简而言之，是在强调日本文化纯粹的一面。"[②]

李登辉在高中时代，就通过阅读日文版的鲁迅的《阿Q正传》和《狂人日记》等作品了解中国，因此形成了对中国传统文化的强烈批判性格。青年时期对中国传统文化形成的根深蒂固的批判甚至厌弃的态度在他老年时仍未改变，他曾经表示："我从不否认自己也是中国人，但是中国人长期以来非常可怜，不是被人管，就是被人欺负，不然就是被上面的压制"，"中国的文化、生活、历史观应该彻底要改变"。[③] 1994年10月14日，李登辉与张大春等台湾青年作家谈文学及对人生的看法时，曾经谈到对他影响比较深的十本书，其中就包括鲁迅的《阿Q正传》及《狂人日记》，"还有柏杨的作品我也看，最近本人提到'台湾人的悲哀'，受到一些人的责难，我之所以会这么说，可能也是受到这些书的影响。"[④]

李登辉在20世纪90年代以后，表现出浓厚的日本情结。当然，其中有拉拢日本，使台湾与日本结成对抗中国大陆的非正式安全战略同盟的企图，李登辉所表现的亲日倾向中隐藏着更多的现实主义和功利主义的考虑，但是，他个人的成长经历和日本经验使他显露出异乎寻常的"亲日、媚日"倾向。对于这一点，李登辉自己并不自觉，他也不承认："很多人故意把我丑化，指我崇拜日本人，说我对日本如何，事实上没有这回事，我从来没有这种观念"。[⑤] 李登辉的否认与外界的观感相距甚大。统派对其媚日言行痛加批判，而"独派"则对其亲日倾向大加赞赏，如金美龄在读了李登辉与司马辽太郎的对谈之后，"就确信李登辉先生虽不明言，但无疑是'隐形的独立

---

① 李登辉：《台湾的主张》，台北，远流出版事业股份有限公司，1999年，第40—41页。

② 李登辉、中嶋嶺雄著，骆文森，杨明珠译：《亚洲的智略》，台北，远流出版事业股份有限公司2000年版，第129页。

③ 转引自邹景雯：《李登辉执政告白实录》，台北，印刻出版有限公司，2001年版，第366页。

④ "李登辉与青年作家共度'文学的下午'"，台湾《中华日报》1994年10月16日。

⑤ 邹景雯：《李登辉执政告白实录》，台北，印刻出版有限公司，2001年版，第366页。

派’。”其丈夫周英明更是发自内心地如此“赞扬”李登辉——“爱读新渡户稻造所著《武士道》及佐贺藩士所编有关武士道的专书《叶隐》的李登辉说：‘日本人倾注其理想而培养出来的，就是我这种人’”。① 与李登辉号称挚友的中嶋嶺雄也认为：“连战与熟悉日本文化的李总统之间，无疑的有着认知上的差距。连战背负着抗日的历史包袱，而李总统却对日本有深入了解与深厚关系。”②

为了切断台湾人民的中国认同，日本在台湾推行皇民化教育，对于中国文化和中国历史极力诋毁、污蔑，给极少部分台湾人的中国认同造成了深刻的影响。“他们接受日人的统治，日式的教育，不管是生活习惯和价值观都深受日本文化所薰陶”。③ 日本殖民主义的皇民化教育在台湾培植了一批亲日反华的政治势力。“为了战争的需要，他们从日本殖民统治者那边接受的是彻底反华辱华的教育，把中国形容为落后野蛮、中国人贪生怕死，而台湾人则是有幸成为日本帝国的臣民，有幸进入了‘文明之林’。”④ 据中嶋嶺雄转述，李登辉曾说过他“最讨厌‘中华思想’这个名词”。⑤ 李登辉的亲日倾向与大多数中国人对日本军国主义的记忆相比较，显然蒋经国对李登辉“富有民族意识”的认知完全是政治的错觉和历史的误会。

（二）李登辉对国民党政权白色恐怖统治的深刻记忆

李登辉早年在日本殖民统治时期的求学期间，曾经接触社会主义思想。从日本返回台湾之后，进入台湾大学继续求学，其间曾经加入中共地下党组织。因为这一段历史，李登辉长期以来成为国民党特务特别关注的对象。在李登辉与司马辽太郎的对谈中，李登辉回忆“以往像我们这种七十几岁的人在晚上都不能好好的睡觉”，司马辽太郎解释：“听说那时的知识青年没办法安稳的睡觉，像是中华民国的宪兵那样的人会来侵扰，听到敲门声，以为有

---

① 金美龄、周英明著，张良泽译：《日本啊台湾啊》，台北，前卫出版社，2001年版，第137、140页。

② 李登辉、中嶋嶺雄著，骆文森、杨明珠译：《亚洲的智略》，台北，远流出版事业股份有限公司，2000年版，第22—23页。

③ 范昭明著：《少年李登辉》，台北，商周文化事业股份有限公司，1995年版，第12页。

④ 徐宗懋著：《日本情结——从蒋介石到李登辉》，台北，天下文化，1999年，第39页。

⑤ 李登辉、中嶋嶺雄著，骆文森、杨明珠译：《亚洲的智略》，台北，远流出版事业股份有限公司，2000年版，第187页。

什么事而探头看看也不行，必须马上躲避”。① 由此可见，由于参加中共地下党组织的历史，李登辉在岛内长期受到国民党特务的监控，在政治上受到国民党的压抑，其对国民党内心深层的怨恨并不因为蒋经国后来不断地提拔他，甚至提名他担任“副总统”而得到化解。

1. 李登辉参加中共地下党的历史

1988 年台湾著名作家李敖曾经发表文章“共产党李登辉出卖同志的官方证据”，揭露李登辉参加中共和叛党的历史，但是由于史料的缺乏，李敖对相关史实的描述并不准确。② 根据台湾作家徐宗懋对相关当事人的访谈，认为半世纪以前，李登辉曾经两进两出中共在台湾的地下组织，“从时间顺序来看，李登辉透过詹世平（即吴克泰）于 1946 年 9 月入党，1947 年 8 月又透过詹退党。同年 10 月—11 月间，李登辉又透过陈炳基、李熏山等人再度入党，并于 1948 年春再度退党，这是李登辉两次出入中共说法的由来。”③ 1947 年，李登辉在台湾大学学习期间，和陈炳基、李苍降、李熏山、林如堉等五人共组新民主同志会，由中共台湾省工作委员会直接领导。20 世纪 50 年代初，中国共产党在台湾的地下党组织陆续被国民党特务破坏，新民主同志会瓦解，陈炳基潜赴大陆，李熏山被国民党当局关押了 7 年，李苍降、林如堉遭枪决。

中国大陆在 1995 年 7 月 24 日《人民日报》的评论员文章中第一次也几乎是唯一的一次公开确认李登辉早年参加过中国共产党的事实，指出：“李登辉早年加入过中国共产党，后来背叛了。他曾多年追随主张不搞‘台独’的蒋经国，如今他背叛了”。④ 但是对于李登辉是否“背叛”，曾经与李登辉同在一个党支部的陈炳基有不同的看法。陈炳基认为“说他叛党、叛徒、叛蒋经国，都是不符合事实”，因为，“如果他是叛徒，我们早就被抓了”，“你如果说他过去信仰共产主义，以后不信仰了，从这个意义上来讲是可以的，

① 辛芳译：李登辉与司马辽太郎对谈录“孤岛的痛苦——生为台湾人的悲哀”，《台湾研究论坛》1994 年 7 月试刊号，第 10 页。

② 参见李敖著：《共产党李登辉》，台北，李敖出版社 1989 年版；《李登辉的真面目》，北京，中国友谊出版公司 2000 年版。

③ 徐宗懋：《关于李登辉同志的若干历史问题》，台北，时英出版社，2004 年，第 20 页。

④ 人民日报评论员、新华社评论员：“一篇鼓吹分裂的自白——评李登辉在康奈尔大学的演讲”，《人民日报》1995 年 7 月 24 日。

但是一般叛徒的意义，是出卖同志、出卖组织。”① 陈炳基显然认为李登辉并没有出卖同志、出卖组织，是脱党而不是叛变。

李登辉本人对于参加中共地下党的历史，长期以来出于在从政的道路上政治利益的权衡考虑，当然讳莫如深。对于这一段历史，李登辉本人曾经承认“陈炳基讲的是老实话”，但他自己为了突显个人的本土色彩，试图把这一段历史与“台湾民主自治同盟”挂钩。2005 年 3 月，《日本评论社》出版日本学者吉田胜次与李登辉的对谈录《自由的苦涩》，李登辉首次公开承认参加左翼组织的历史，他对吉田说：“不忌讳地说，经过‘二·二八’，我们与杨廷椅以外的人成立一个团体，团体所属不明，很显然地，与谢雪红的‘台湾民主同盟’有关。组织里有很多人，大约一年间，我就退出了，退出时得他们的批准，双方还有不泄露彼此的约定。”② 显然，即使台湾已经解除“戒严”20 多年的时间，出于政治上的考虑，李登辉仍然不愿意或不敢坦然地面对这一段历史。2008 年，张炎宪主编的《李登辉“总统”访谈录》系列丛书出版，该丛书对李登辉的早年生活进行了访谈，李登辉虽然表示“应该向国史馆说出这一段历史，作为历史的资料。”但他否认自己“两次入党”，声称：“我只入一次党，没有入两次。”③ 他只承认自己 1947 年参加“新民主同志会”，然后在 1947 年 10 月加入和 1948 年 6 月退出中国共产党的历史。

2. 青年李登辉的左倾社会主义思想

李登辉之所以在年轻时参加中国共产党，与他当时所具有的左倾社会主义思想有关。一方面，李登辉通过大量的阅读接触了一些进步书籍，受到五四运动前后新文化运动思潮的冲击；另一方面，年轻一代所共有的抱负和理想也激励着李登辉向进步力量靠拢。当然，李登辉所表现出的进步倾向是短暂的，也体现出了强烈的投机性格。

李登辉曾经自述：“我之所以会将农业和马克思经济学相结合，实与幼时的体验有关。”李登辉出身于地主家庭，每年佃农为了继续承租土地，都

---

① 徐宗懋：《关于李登辉同志的若干历史问题》，台北，时英出版社，2004 年，第 104 页。

② 徐宗懋：“228 后从事反政府地下活动，李登辉首度坦承曾加入谢雪红组织”，《中国时报》2006 年 2 月 21 日。

③ 张炎宪主编：《李登辉“总统”谈访录一：早年生活》，台北，允晨文化实业股份有限公司，第 152、155 页。

要到他家里送礼，使他感到疑惑与不平，“同样是人，为什么会有这么大的差别?”同时，在台北高等学校任教的日本老师鹽见薰也激发了他对于马克思主义的兴趣。①

在日本京都帝国大学和台湾大学，李登辉进一步阅读了更多的马克思和恩格斯的著作，他阅读过河上肇的《贫乏物语》，甚至把《资本论》反复读过好几遍。1946 年，在台北与李登辉重逢的吴克泰对他的印象是：“李登辉当时的政治观点显然倾向于社会主义”，他还将从日本带回的几本马列主义书籍推荐给吴克泰看。“李登辉对列宁的《组织论》一书特别推崇，那是写地下党的组织原则的”。②

青年人的理想与抱负促使李登辉在“二・二八事件”前后积极参加各类社会运动。1947 年 1 月，“沈崇事件”引起全国各地的学生抗议浪潮，李登辉不仅积极参加台大学生抗议的筹备会议，而且在抗议队伍的前列扛着旗帜。当时参加过台湾学生运动，20 世纪 80 年代曾任中国驻东京大使馆政治参事的纪朝钦回忆，他对李登辉的印象是：“不多话，比较左，对国民党不满，是位忧国之士。”③ 对于李登辉退出中共地下组织的原因，李登辉自称是“我讨厌共产党的作法”，“后来看到共产党都是由中国人在支配，我感到讨厌，半路就离开共产党”，“我这个人很讨厌被人命令”④。吴克泰回忆当时劝说李登辉不要退党，但是“李登辉执意要退党，说是党内不纯，有些人有野心”，⑤ 虽然没有足够的资料能够确切证明，但原因大致是因为李登辉个人的领导欲望未能得到满足。

3. 李登辉的白色恐怖记忆

当然，相对于牺牲的同志来说，李登辉已经是相当幸运了，不仅在白色恐怖中劫后余生，而且李登辉脱党后改变信仰，成为基督教长老教会的信

① 李登辉著：《台湾的主张》，台北，远流出版事业股份有限公司，1999 年，第 44—45 页。

② 魏碧海：“李登辉加入和脱离中共内幕——李登辉入党介绍人吴克泰访谈录”，《军事历史》2004 年第 2 期，第 7 页。

③ 徐宗懋：“陈炳基：地下党曾想救出张学良”，台湾《中国时报》2003 年 2 月 28 日第 11 版。

④ 张炎宪主编：《李登辉“总统”谈访录一：早年生活》，台北，允晨文化实业股份有限公司，第 152、171、178、179 页。

⑤ 魏碧海：“李登辉加入和脱离中共内幕——李登辉入党介绍人吴克泰访谈录”，《军事历史》2004 年第 2 期，第 7 页。

徒，还成为国民党的领导人，登上了台湾地区最高领导人的高位。1996 年李登辉竞选连任当选后在台北与陈炳基会面，对陈炳基表示“我们真是捡回一条狗命”,[①] 虽然贵为“总统”，但是李登辉对于白色恐怖仍然心有余悸，因此他对年轻时中共党内同志刻意保护他表示感激，李登辉还特意公开去新光医院拜访白色恐怖中被杀害的李苍降的女儿李素慧。

对于“二·二八事件”，李登辉认为：“这是许多本省籍知识分子，被扣上共产党员的帽子，而惨遭杀害的白色恐怖事件。”[②] 李登辉当政后，采取了释放政治犯、设立纪念碑、展开真相调查、进行经济补偿等措施，对“二·二八事件”和白色恐怖的受难者及其家属进行安抚。由于李登辉个人在国民党白色恐怖统治中的经历，也使他更容易得到台湾社会基层本省籍群众的理解和支持。

李登辉参加中国共产党的历史无疑对其以后的人生产生了深刻的影响。台湾情治系统有人对李登辉说，以后当教授就好，不要当官。后来又有人曾经向他表示：除了蒋经国之外，没有人会重用你这种人。这些事例，都使李登辉在政治上深受打击，也使得李登辉不得不将个人的权力欲望埋藏得更深，在政坛上战战兢兢、如履薄冰。20 世纪 70 年代蒋经国在台湾执掌实权以后，蒋经国有意识地推行本土化政策，从台湾本省籍人士中选拔人才，这一历史的机遇使李登辉得以在台湾政坛平步青云。事实上，在此之前，国民党当局曾经有意重用时任台湾大学教授、政治系主任的彭明敏。李敖就认为：“彭先生是国民党当年最早提拔的青年才俊，……只要他不那么锋芒毕露的话，我敢断言，今天的副总统是彭明敏，而不是李登辉。”[③]

1984 年蒋经国提名李登辉担任“副总统”，但是李登辉认为：“经国先生提拔我为副总统，我想他并不是要我担任接班人。也许是因为没想到自己病情会如此严重而致早逝吧。”[④] 为了掩饰个人野心，显示一副忠厚敦实、诚惶

① 徐宗懋：《关于李登辉同志的若干历史问题》，台北，时英出版社，2004 年，第 84 页。

② 李登辉著：《台湾的主张》，台北，远流出版事业股份有限公司，1999 年，第 48 页。

③ “助他一臂之力——李敖谈彭明敏”，《自由的滋味——彭明敏回忆录》附录（二），台北，台湾文艺出版社，1987 年版，第 273 页。原载台湾《先锋时代》周刊 103、104 期合订本，1986 年 2 月 10 日。

④ 李登辉著：《台湾的主张》，台北，远流出版事业股份有限公司，1999 年，第 62 页。

诚恐姿态，李登辉在蒋经国面前只敢坐满三分之一的坐椅。1988年台湾《自立早报》有一篇形象的描述："民国七十三年，李登辉当选副总统的当天下午，蒋故总统亲赴李登辉寓所申致贺意。当时，李登辉不自在的只坐满座椅的三分之一，双手不断摩擦双膝，仿佛他不是那间寓所的主人。"[①] 对于李登辉的忸怩作态，李敖讥讽他深谙"政治屁股学"；金美龄则赞叹："在李登辉的政治长才之中，能将'鹰爪'长久隐藏起来是一项很重要的才能"。[②]

（三）李登辉思想中深厚的本土意识

李登辉执政以后，逐渐表现出其个人思想中浓厚的本土意识——也就是所谓的"台湾人意识"，时时处处都强调"台湾优先、台湾第一"，要求在政治上、文化上、心理上认同台湾。李登辉曾经表示："所谓'认同台湾'，我想最重要的，是对于台湾的爱"。"最重要的是，台湾必须先取得国际间的认同与地位，至于思考中国整体的问题，则是以后的事"。[③] 李登辉继任之初，权力基础并不稳固，对其权力地位的威胁主要来自于蒋经国时期培养和留下的外省政治菁英，这更加促使李登辉必须依赖台湾社会的本土意识来巩固个人的权力地位。吴克泰就认为："他这个人台湾人意识太强，总要口口声声台湾人安全和福祉一定要保证!"[④]

台湾民众的本土意识是指台湾民众形成的自我认同意识，其中包含了对于方言、文化、宗教、习俗、共同的历史经验等方面的自我认同，主要是指闽客文化与台湾特殊历史经验相结合的产物。台湾民众的本土意识是中国形形色色的地方意识的表现，但是由于台湾的特殊社会和历史环境，台湾民众的本土意识被染上了政治色彩。

首先，台湾本土意识的外在表现是对于闽南和客家文化的认同，这种文化体现在方言、文化、宗教、习俗等方面。由于闽南族群是台湾社会的主体，占了台湾人口70%以上。闽南族群也是较早从大陆移民台湾的人口，他们从大陆厦漳泉地区带去了闽南方言，因此，多数台湾本省民众在日常的语

---

① 台湾《自立早报》1988年7月8日。

② 金美龄、周英明著，张良泽译：《日本啊台湾啊》，台北，前卫出版社，2001年版，第198页。

③ 李登辉著：《台湾的主张》，台北，远流出版事业股份有限公司，1999年，第62－63页。

④ 徐宗懋：《关于李登辉同志的若干历史问题》，台北，时英出版社，2004年，第48页。

言中以闽南话交谈，闽南方言构成了其认同的最基本的外在基础。近年来，台湾客家人也强调客家文化的建设，提倡客家意识的觉醒，但是客家文化在台湾社会并不是主流。其次，台湾本土意识的内核是对于台湾特殊历史的认同。闽客移民到了台湾之后，保留了闽客文化，但是也经历了与大陆闽客地区不一样的共同历史，其中包括处于两岸对峙或分离状态的郑氏时期、日据时期、国民党统治时期的历史记忆。这种共同的历史记忆构成了台湾本土认同的内核，使他们认为自身是与外省人、与大陆民众不同的一个群体。

作为在台湾本省出生的讲闽南话的客家人，李登辉的个人生长经历带有典型的台湾特色，青少年时期接受日本教育，成年后经历了国民党政权的白色恐怖统治，在心灵压抑的生活中寻找生存和发展空间。作为台湾本省籍的知识分子，李登辉与台湾基层社会有紧密的联系，生活、交往和接触的人大部分都是台湾本省籍民众，也接触了台湾社会各种各样的政治势力，在一定程度上对台湾社会基层的政治心态和政治诉求具有较为深刻的理解。李登辉曾经自述："在国民党中的我，能够维持到今天的原因，是我心中的台湾人之声。"①

由于强烈的自我认同，使得具有浓厚的本土意识的台湾民众排斥以外省人为主导的国民党政权，认为国民党政权是"外来政权"。国民党政权败退台湾之后，在台湾实行高压的白色恐怖统治，对亲中共的政治力量进行了残酷镇压，也关押了一批"台独分子"。台湾本土意识隐含了对国民党的仇恨的历史记忆，他们认为国民党是"外来政权"，到台湾之后"压迫、欺侮"台湾人民。由于被国民党统治的不愉快的历史经验，使得李登辉同多数本省民众一样具有强烈的本土意识的存在。1994 年，李登辉与日本作家司马辽太郎对谈时，就曾经公开表示："到目前为止掌握台湾权力的，全都是外来政权。最近我能心平气和的说就算是国民党也是外来政权。只是来统治台湾人的一个党，所以必须要成为台湾人的国民党。"②

相对于国民党传统的外省政治菁英对李登辉的排斥与不信任，作为第一个本省籍的"总统"，李登辉继任后得到台湾本省人士的广泛期待，也得到

① 辛芳译："李登辉与司马辽太郎对谈录"，《台湾研究论坛》试刊号，1994 年 7 月。
② 辛芳译："李登辉与司马辽太郎对谈录"，《台湾研究论坛》试刊号，1994 年 7 月。

许多台湾本省人士的支持，其时仍然流亡在美国的彭明敏对李登辉的支持就极具代表性。李登辉担任台大农经系教授期间，就与同为台大教授的彭明敏有深入的交往。1964年彭明敏因“台湾人民自救宣言”被捕的前一天，李登辉和彭明敏还在一起吃饭。李登辉继任“总统”后，即向彭明敏私下传递信息。1990年2月，彭明敏在纽约召开记者会，宣布“支持李登辉出任总统”。李登辉连任后，彭明敏秘密写信给李登辉，希望他“切勿忘记你所担起的历史使命，你的作为不但攸关台湾和台湾人民的远久命运，也会为你个人在台湾历史上定位”。[①] 当然，本土势力与李登辉之间是相互利用的关系，本土势力希望借助于李登辉扩张台湾的本土政治力量，而李登辉则要依靠本土势力来巩固权力。由于本土势力成为李登辉可以依赖的政治势力，因此，李登辉在推动台湾政治转型的同时，也不断地推进台湾本土化，扩张所谓的“台湾认同”意识。李登辉表示：“台湾的民主化非以‘台湾认同’及‘台湾本土化’为主轴不可”。李登辉在推进台湾政治转型的同时，也对国民党的权力结构进行了全面的改造，企图把所谓代表“外来政权”的国民党改造成“台湾国民党”、“台湾人的国民党”。“长期以来，台湾一直受‘外来政权’所支配，因此，台湾人民毫无自主性可言。对此，我早有所感，也决心要加以解决”。[②]

李登辉在推进台湾本土化的同时，也不断地扩张所谓的“台湾认同”，把本土意识与“台湾认同”相互结合，“认同台湾，奉献台湾，愿意为台湾前途打拼，就是‘本土化’的主要内涵”。[③] 在李登辉的推动下，台湾当局先后提出了所谓“生命共同体”、“新台湾人主义”等主张，试图凝聚台湾民众对于内外政策尤其是大陆政策的共识，重构“台湾认同”，从心理上确立台湾民众对于“中华民国（台湾）是主权独立国家”的心理认同。由于李登辉之流的恶意误导，20世纪90年代以后，台湾民众的“台湾认同”不断扩张，甚至被人为地异化成虚构的“国家认同”。中嶋嶺雄就认为：“李登辉最大的

---

① 李登辉唯一受访，邹景雯采访记录：《李登辉执政告白实录》，台北，印刻出版有限公司，2001年版，第82页。

② 李登辉、中嶋嶺雄著，骆文森、杨明珠译：《亚洲的智略》，台北，远流出版事业股份有限公司，2000年版，第220页。

③ 台湾“中央社”2001年8月12日自台北报道。

功绩，培育了台湾认同。”①

由于李登辉表现出强烈的台湾本土意识，“绝对不愿见到自己苦心推动的政治再度被‘外来政权’化，这是他从政多年来的一贯决心”②，使得2000年台湾地区领导人选举中国民党候选人连战以及独立候选人宋楚瑜的政治路线受到本土政治势力的质疑，最终导致连战和宋楚瑜败选。连战因为获得宋美龄亲笔签名信函的支持而“令李登辉连连摇头”，李登辉的亲信幕僚张荣丰、蔡英文等人及其商界友人许文龙认为“连战未来并无法继承李登辉路线”，“不论连战或宋楚瑜当选，台湾的民主恐怕将倒退二十年”，③ 因而他们转向支持陈水扁。李登辉则公开把宋楚瑜打成“反台湾”的候选人、代表“外来政权”的候选人。选后，李登辉为“代表台湾人”的陈水扁险胜而额手称庆，感叹“这样的结果，或许可谓天意”。④ 中嶋嶺雄就认为：“这次民进党的胜利，实际上也可说是李登辉路线的胜利。带领台湾迈向民主化并促使中华民国台湾化的李登辉，当然不希望再把权力交给‘外来政权’。”“新政权是由台湾人选出的台湾人政权，相信这也是长年推动民主化与本土化的李登辉，所期盼的政权型态”。⑤ 作为国民党的领导人，李登辉因为怀着本土意识的极端化倾向，以至于处心积虑地排斥国民党内的传统政治力量，与民进党明里暗里互通款曲，最终导致打着本土旗号的民进党上台执政。

当然，台湾本土意识不能与“台独”意识画上等号。台湾本土意识是对台湾特殊的文化、历史与利益认同的基础上形成的对台湾的自我认同，是从台湾本位的角度思考台湾问题，因此，台湾当局才相继提出了所谓“台湾命运共同体”、台湾优先、台湾意识、台湾主体意识、本土政权等反映台湾本土意识的口号。然而，客观上，狭隘的台湾本土意识与中国意识具有相互对

---

① 李登辉、中嶋嶺雄著，骆文森、杨明珠译：《亚洲的智略》，台北，远流出版事业股份有限公司，2000年版，第26页。

② 李登辉、中嶋嶺雄著，骆文森、杨明珠译：《亚洲的智略》，台北，远流出版事业股份有限公司，2000年版，第214页。

③ 李登辉唯一受访，邹景雯采访记录：《李登辉执政告白实录》，台北，印刻出版有限公司，2001年版，第157页。

④ 李登辉、中嶋嶺雄著，骆文森、杨明珠译：《亚洲的智略》，台北，远流出版事业股份有限公司，2000年版，第222页。

⑤ 李登辉、中嶋嶺雄著，骆文森、杨明珠译：《亚洲的智略》，台北，远流出版事业股份有限公司，2000年版，第20、21、22页。

立和冲突的一面，中国意识要求从整个中国文化、中国历史、民族利益和国家安全的角色思考台湾问题。但是，由于台湾经历了日据五十年和两岸对抗六十年的特殊历史，一部分台湾民众越来越不可能从中国整个国家的角度来思考台湾的前途和利益。随着两岸分离的时间越来越长，这种从台湾本位来思考台湾利益和台湾前途的本土意识在台湾社会越来越普遍，本土意识的强化是对两岸关系的极大挑战。本土意识虽然不代表“台独意识”，但不可否认，由于狭隘的本土意识与中国意识的对抗性和排斥性，狭隘的本土意识是培植“台独意识”的温床。

第二节　李登辉分裂主义路线的社会与政治根源

马克思主义唯物史观认为，社会意识是人们对一切社会生活的过程和条件在观念上的反映，归根到底是社会物质生活过程及其条件（主要是物质资料生产方式）在观念上的反映。[①]“物质生活的生产方式制约着整个社会生活、政治生活和精神生活的过程。不是人们的意识决定人们的存在，相反，是人们的社会存在决定人们的意识。”[②]战后台湾经过工业化的高度发展，20世纪80年代中期以后，台湾进入了以商业化为特征的后工业社会时代，引起了政治、社会、文化的急剧变革。台湾社会从一个威权体制的一元化社会向开放性的多元化社会转变，台湾社会文化也因此发生了重大转变。李登辉继任“总统”的80年代末和90年代初，正是台湾社会政治转型时期。一方面，主张“台湾自决”乃至“台湾独立”的反对党——民进党成立，并且不断壮大。另一方面，主张抛弃旧的“中华民国法统”象征——所谓“资深国代”、“万年立委”的民主改革呼声日渐高涨。民主化与本土化的政治浪潮不断冲击台湾当局的政治体制，使台湾当局不得不展开大幅度的政治变革，以

---

① 李秀林、王于、李淮春主编：《辩证唯物主义和历史唯物主义原理》，中国人民大学出版社，1984年5月第2版，第359页。

② 《马克思恩格斯选集》（第二卷），人民出版社，1995年版，第32页。

适应台湾社会变迁的需要，回应台湾民众的呼声。然而，不可否认，台湾政治的旧体制是与蒋氏父子长期坚持的“中华民国法统”、“反共复国”的意识形态相结合的，以民主化、多元化、本土化为特征的政治转型不可避免地冲击到旧体制下的中国意识和统一理念。李登辉分裂主义政治路线作为社会意识，在一定程度上是对台湾20世纪80年代以后社会存在的现实反映。“意识在任何时候都只能是被意识到了的存在，而人们的存在就是他们的实际生活过程。”① 虽然这种社会意识是错误的、片面的，但它仍然是社会存在的反映，可以在台湾找到它的社会与政治根源。

（一）战后台湾经济发展推动了80年代末以后的社会政治转型

二战以后，随着工业化的发展，台湾社会从农业社会转变为工业社会；20世纪80年代中期以后，进入了以商业化为特征的后工业社会时代。经济的高度发展，社会的相对富裕，中产阶级的壮大，促进了台湾政治民主化的转型。20世纪80年代末以来的台湾政治的民主化转型，被认为是全球第三波民主化浪潮的组成部分。美国政治学家塞缪尔·亨廷顿认为，“在葡萄牙于1974年结束独裁后的15年间，民主政权在欧洲、亚洲和拉丁美洲30个国家取代了威权政权。”这就是所谓的全球性的第三波民主化浪潮，其中包括“在1987和1988年，中国台湾政府大大放松了对进行政治活动的限制，并致力于创造一个民主的政治体制”。② 第三波民主化的重要原因是经济发展，经济发展为民主转型提供了经济基础，促进了社会政治向民主的过渡。“经济发展促进了中产阶级的扩大：社会中越来越多的人口是由商人、专业人士、店主、教师、公务员、经理、技术人员、文秘人员和售货员组成。……这些集团也日益自信他们有能力通过选举政治来促进他们的利益”。③

经济与社会的变迁也造成了台湾社会阶层的多元化，而中产阶级逐渐成为台湾社会的主体，成为推动台湾政治民主化转型的中坚力量。二战以后，台湾从农业社会转变为以工商业和服务业为主的社会，社会分工日益复杂，

① 《马克思恩格斯选集》（第一卷），人民出版社，1972年版，第30页。

② 亨廷顿著，刘军宁译：《第三波——20世纪后期民主化浪潮》，上海三联书店，1998年版，第21、23页。

③ 亨廷顿著，刘军宁译：《第三波——20世纪后期民主化浪潮》，上海三联书店，1998年版，第76—77页。

社会阶级和阶层的分化也越来越多元。尤其是20世纪50年代开始的台湾土地改革，被认为是打破台湾社会原有的较为稳定的阶级结构的重要举措。土地改革打破了传统的地主与佃农的依附关系，造成了台湾社会阶层关系的重组；伴随着工业化的发展，台湾社会阶层进一步流动，使台湾社会阶层呈现出多元化的趋势，而中产阶级成为台湾社会的主体。台湾经济发展过程中，以出口代工为主的中小企业是台湾经济发展的重要力量，形成了为数众多的中小企业主及其经理人的阶层。加上公务员、专业人员、服务业与公司经理人员，组成了队伍最为庞大的中产阶级。90年代以后，随着服务业的扩张和资讯产业的发达，以专业经理人和专业技术人员为主体的中产阶级力量迅速扩张，成为台湾社会的主要阶层。台湾中产阶级人员众多，成分复杂，并没有一致的政治倾向；他们追求生活的安定，主张维持现状；他们倾向于社会改良，主张和平改革，成为台湾当局稳定政权并推进政治转型的重要社会基础。

随着80年代末以后，台湾政治的转型与开放，台湾社会也发生急剧的变迁。一方面，社会更加趋向于多元化、自由化和本土化；另一方面，台湾社会也更加强调社会福利、性别平等以及言论自由的保障。“在这个转变的过程中，台湾社会结构也同时经历了大量的变化：人口大量的从农村迁移而高度都市化；家庭结构从大家庭转变为以核心家庭为主的结构；从高出生率社会转变为典型的工业化社会人口型态和高龄社会；社会阶级分化，资本家阶级出现，中产阶级社会愈趋明显，同时阶级分化愈趋工业化社会的类型。这些转变，使得台湾社会同时也出现了类似西方社会的都市、犯罪、族群冲突、分配不均、环境污染等等问题”。①。

“解严”后台湾社会的多元化突出表现在各类社会运动和众多社会组织的蓬勃发展。20世纪70年代中期以来，台湾“党外运动”借助于社会运动进行群众动员，鼓动社会各阶层群众走上街头，向国民党当局的公权力发起挑战，维护自身的权益，被称为“自力救济”运动。1986年民进党成立以后，继续推动台湾社会运动，如环保运动、妇女运动、学生运动、消费者运动等的发展，使台湾的社会运动在20世纪80年代末90年代初经历了一个

① 王振寰主编：《台湾社会》，台北市·巨流图书公司，2003年版，第2页。

所谓"狂飙突进"的年代。随着台湾社会政治转型的推动与深入，经过长期的社会运动历练，台湾社运团体的自主性不断增强，与民进党渐行渐远，出现了专职的社运成员、专业的社运组织，积累了丰富的社运经验，各社运团体平时各自经营，但面临影响较大的议题时往往相互支持，甚至结合成临时性、议题性的运动联盟。台湾社会运动和社运团体的壮大以及自主性的增加，民间的社会力得以释放，正是台湾市民社会力量扩大的表现，也是台湾社会多元化、自由化和本土化的必然后果。

（二）台湾政治转型冲击了台湾社会的中国意识

国民党长期以来在台湾实行的是专制威权统治，实行党禁、报禁，除了从大陆跟去的中国青年党和中国民主社会党，不允许新的政党成立，不允许反对党的出现。20 世纪 80 年末期，台湾开始了政治转型的过程。1986 年 9 月 28 日，民进党成立，突破了"党禁"，为推动台湾政治转型建立了组织基础。1988 年初，台湾当局正式开放"党禁"，此后，形形色色的政党纷纷成立。根据台湾当局内政部门备案的政党名册，至 2000 年 5 月民进党执政之前，台湾社会已经登记成立 91 个政党。20 世纪 90 年代台湾社会逐渐完成了多元化、民主化、本土化的政治转型，出现了西方民主体制形式下的政党政治。

1986 年，民进党的成立使国民党执政者蒋经国深感台湾社会政治的改革是不可阻挡的必然趋势。1986 年 10 月 16 日，蒋经国在国民党中常会中发表谈话表示："时代在变，环境在变，潮流也在变，因应这些变迁，执政党必须以新的观念、新的做法，在民主宪政体制的基础上，推动革新措施，唯有如此，才能与时代潮流相结合，才能与民众永远在一起。"① 国民党内部对台湾政治体制的危机和政治改革的迫切性形成较大的共识。1987 年 6 月底台湾"立法院"三读通过"动员戡乱时期国家安全法"，7 月 8 日蒋经国发布命令，宣布台湾地区自 1987 年 7 月 15 日零时起解除了对台湾长达 38 年的"戒严"。1987 年 8 月，台湾当局宣布从当年 11 月起允许台湾民众经其他国家和地区赴大陆探亲。蒋经国晚年开启的政治改革为李登辉继任后继续推动政治

---

① 台湾"行政院新闻局"编：《蒋"总统"经国先生七十五年言论集》，台北正中书局 1987 年，第 85 页。

转型奠定了坚实的基础，使得政治改革、民主化转型成为国民党内无法遏阻的政治趋势。

1988年1月蒋经国去世后，李登辉面对无法遏阻的民主化政治潮流，采取了继续推动政治转型的措施，尤其是对内开启了“宪政改革”的进程，使台湾社会的多元化、民主化和本土化不断发展。台湾政治转型的发展，一方面，使台湾社会进入高度政治参与的时期，政治参与随着选举活动的增加而不断扩张和深化；另一方面，由于政治的开放与多元化，形形色色的“台独”组织与分离主义思潮纷纷出笼。毫无疑问，台湾政治转型冲击了台湾社会的传统中国意识。

政治转型释放了台湾社会的思想自由与言论自由的政治空间，使得形形色色的分裂主义政治组织和政治思潮泛滥成灾。1990年前后，海外“台独”分子纷纷利用各种渠道闯关或偷渡回台，把“台独”活动的主战场从海外迁回台湾，这些人回到台湾后大多成为民进党的骨干力量，也促使了民进党“台独”政治路线的进一步升级，导致民进党内的少数统派人士不得不离开民进党。在此同时，李登辉利用民进党的力量推动台湾“宪政改革”和巩固个人权力地位，也使得岛内“台独”活动的空间进一步扩张。1990年，台湾发生“三月学运”，要求国民党当局开启“宪政改革”的步伐。1991年，台湾的部分知识分子和社会团体发起了“废除刑法100条”的运动，为“台独”言论和行动争取自由的空间。1991年8月，民进党主导召开“人民制宪会议”，通过了所谓的“台湾宪法草案”，明定所谓的“国号”为“台湾共和国”。10月13日，民进党召开“五届一次全代会”，将“基于国民主权原理，建立主权独立自主的台湾共和国暨制定新宪法，应交由人民以公民投票方式选择决定”这一条款写入党纲，“台独党纲”的通过使民进党撕去了以“住民自决”来开放人民选择自由的“遮羞布”，明确地以“建立主权独立自主的台湾共和国”作为民进党的奋斗目标，民进党成为赤裸裸的“台独党”。而李登辉主导的国民党政权在1992年5月修改了“刑法100条”，为“台独”言论和活动彻底解除了政治和法律上的束缚。

随着政治上的“解严”与开放，台湾当局对于社会团体和宗教团体的管制均逐渐消除，许多原本遭到禁止的社会团体和宗教团体纷纷登记成立。如1990年成立的“台湾教授协会”，目的是“结合学术界认同台湾主权独立之专业人士”，鼓吹“台独”，介入选举，演变成为严重毒害台湾教育界的极端“台独”政治团体。80年代末期以后，台湾宗教世俗化的倾向日益明显，关心政治、介入政治成为台湾宗教界的潮流。如台湾基督教长老教会打着“关心乡土、尊重人权”的旗号，在“解严”之前就积极介入台湾政治，公开支持党外运动。“解严”后，台湾基督教长老教会更加积极地介入政治事务，发表政治言论，公开支持“台独”，1991年8月公然发表“台湾主权独立宣言”，主张“台湾主权独立。台湾的主权与土地属于台湾全体住民。台湾与中国是两个不同的主权独立国家。”① 台湾基督教长老教会在少数人的操纵之下，已经演变成为一个极端顽固的“台独”政治组织，在台湾社会造成了恶劣的政治影响。

（三）社会文化多元化为分裂主义思潮的泛滥提供了空间

“解严、开禁”之后，台湾政治的转型使得台湾文化摆脱了一党政治的束缚，台湾文化也向着自由化、多元化、本土化的方向发展。体现在文学中，台湾文学出现了本土化的倾向，更加大胆地突破各种政治上的禁忌。台湾政治的转型也给台湾文学的创作带来了更多的自由与多元的气息，台湾文化呈现出多元化的倾向。台湾作家摆脱了政治的束缚，大胆地突破禁忌，许多诗歌、小说、报告文学的创作开始重新回顾“二·二八事件”以及台湾50年代的白色恐怖。台湾文学本土化的倾向也更加鲜明，台湾文学界人士强烈推崇台湾文学的主体性，主张在台湾高校设立台湾文学系所。然而，台湾文学界在倡导台湾文学的主体性的同时，一部分人迎合“台独”势力的需要，出现了“文学台独”的政治倾向。“文学台独”鼓吹“去中国化”，宣扬“台湾新文学”的独立性，企图建立所谓“台湾新民族文学”，把台湾文学作为“台独”的宣传工具，为“台独”势力建构所谓“新国家意识”服务。

台湾文化的多元化与自由化也表现在各种新兴的大众传播媒体纷纷成立，出现了商业化和市场化的倾向。1988年元旦，台湾当局正式宣布解除“报禁”，台湾各类新兴媒体迅速增加。在台湾解除“报禁”之前，台湾31家报纸的销量是390万份，至1990年底，台湾登记的报纸有275家，实际

① 台湾基督长老教会“台湾主权独立宣言”（1991年），http://acts.pct.org.tw/bulletin/announce.ASP?id=051

发行的约有 50 家，销量是 450 万份。到 1999 年 1 月，台湾登记成立的报纸多达 367 家。新兴的报纸百花齐放，比较知名的报纸如《联合晚报》、《中时晚报》、《首都早报》、《环球日报》、《太平洋日报》、《自立早报》、《大成报》、《劲报》等等。但是由于台湾读者市场有限，各类报纸相互竞争，致使许多新兴报纸难以维持，相继关门歇业，1990 年《首都早报》、《环球日报》、《自立早报》先后关闭；1995 年《太平洋日报》关闭；此后，《自立晚报》、《大成报》、《中时晚报》、《劲报》、《联合晚报》等也都先后关闭。台湾报业中的传统三大报《中国时报》、《联合报》、《自由时报》仍然占据着平面媒体的主要市场。

除了开放"报禁"，台湾广播电台、有线电视、第四家无线电视也相继开放。台湾传统的无线三台包括分别由国民党、台湾军方和台湾省政府掌控的中视、华视、台视，1997 年又成立了由民进党政治人物掌控的民视，1998 年成立了公视。而有线电视频道则更是如雨后春笋，多达 120 多个有线频道。由于传统的媒体大多受国民党所掌控或影响，民进党及其支持者纷纷投入地下媒体的经营，把地下媒体作为选举和政治斗争的工具。1990 年民进党"立委"洪奇昌的支持者在其服务处成立"中和民主有线电视台"，掀起了成立所谓"民主台"的风气。1990 年 10 月，24 家地下有线电视台联合成立了"台湾民主有线电视台全联会"，曾经拥有达 75 个会员之多。这些所谓的"民主台"得到了民进党的全力支持。

未经合法取得电波却公开播放节目的地下电台在台湾则更为兴盛。1990 年 3 月，"民主之声"广播电台在台北、高雄等地开播，但不到半年就被取缔。1992 年，民进党"立委"张俊宏在办公室利用简易的发射机设立电台，引起轩然大波。1993 年 1 月 30 日，台湾当局正式宣布开放 32 个频道。但是由于地下电台成本低廉，影响力大，得到民进党的支持，许多社运人士、宗教人士、政治人物借助地下电台宣扬理念，使台湾地下电台呈现出难以取缔的态势。1993 年许荣棋主持的"台湾之声"地下电台在台北开播，引起了台湾社会各种政治势力的关注，甚至在 1994 年掀起了出租车司机到财政部门抗议保险费和包围国民党中央的事件，台湾当局开始对地下电台展开抄台行动。台湾地下电台大多播放卖药、卖补品、算命、介绍婚友等节目，据台湾当局 2001 年统计，贩卖食品药品的地下电台约占 75%，歌唱命理、婚友介绍的约占 20%，政论属性电台约占 5%。[①] 虽然台湾当局多次开放地下电台的合法化申请，有部分地下电台如“绿色和平”、“苗栗正义”、“关怀”、“大彰化”、“TNT 宝岛新声”等电台先后申请合法化，但是由于地下电台成本低、获利大，难以根绝。地下有线电视台与地下电台，冲击了台湾社会传统的电子媒体结构，对台湾社会的中下阶级，如出租车司机、农渔民等造成了较大的影响。

台湾社会文化多元化的发展，使得台湾社会原本存在的多元的政治心态得以公开表现出来，并以文学、电影、报刊、电视、电台等形式在开放社会广泛传播。尤其是分裂主义思潮借助于社会开放、言论自由、文化多元的趋势，不断占据台湾媒体和舆论的空间，而这些大众传播媒体承担着台湾政治社会化的重要功能，对台湾民众尤其是青少年的毒害是不可低估的。“1988 年以后，随着台湾政治的多元化发展，扮演政治社会化角色的政治结构越来越多；加上台湾当局的放任自流，台湾政治文化的‘脱中国化’现象已经由点到面，由暗到明，由民间到官方，由精英文化向大众文化四散渗透。”[②]

（四）台湾社会政治的本土化加剧了台湾民众对于大陆的疏离感

20 世纪 80 年代末以后，台湾社会和政治的本土化迅速发展。“‘本土化’以台湾意识为基础，对群众有号召力，很快从政治层面扩展到文化各层面，90 年代达到高潮。”[③] 台湾本土化推崇“台湾主体意识”，提倡“认同台湾”，强调“台湾第一、台湾优先”，有意识地压抑“中国意识”，甚至于极端化地主张“去中国化”，使得台湾民众对于大陆的疏离感增强。

首先，台湾社会的本土化表现在政治领域。从 70 年代开始，蒋经国就有意识的提拔和培养本省籍的政治精英，从而产生了谢东闵、林洋港、李登辉等国民党高层的本省籍政治人物。80 年代末，李登辉上台后，成为第一个“台湾人总统”。李登辉以本土化的象征自居，利用本土意识，通过打击、排挤外省政治精英来巩固自己的权力，先后把国民党内外省籍的元老如俞国华、李焕、郝柏村、蒋纬国等人排挤出政坛。90 年代以后，外省政治人物大

---

① 台湾师范大学人文教育研究中心编著：《台湾文化事典》，2004 年版，“0423 地下电台”条目，第 331 页。

② 刘国深：“台湾政治文化‘脱中国化’现象刍议”，《台湾研究集刊》1996 年第 4 期。

③ 蔡子民：“台湾‘本土化’思潮与‘文化台独’”，《台声杂志》，2001 年第 4 期。

多失势，使外省政治人物产生了危机感，国民党内的主流派与非主流派的斗争，以及1993年从国民党中分裂出来的新党，都是外省政治人物危机意识的产物。

台湾社会政治的本土化发展趋势加剧了台湾社会的省籍矛盾和统“独”斗争。台湾社会的省籍矛盾在日常生活中并不多见，但是在政治生活范畴内经常出现，尤其在政治转型时期的台湾权力斗争和选举竞争中得以集中体现。省籍意识与“统独”意识交织在一起，本省人与外省人的矛盾被扭曲成“台湾人与中国人”的对立。随着岛内政治转型，省籍意识被少数政治人物操纵和利用，省籍矛盾成为政治斗争特别是权力斗争和统“独”斗争的手段，省籍矛盾在政治斗争中日益激化。

台湾一些政治人物在选举中利用省籍意识和统“独”意识进行政治动员。为了在选举中胜选，一些政治人物往往不择手段，鼓吹“台独”，激化选情，以强化政治动员能力。外省人参加台湾的选举，往往被贴上“卖台”的标签。1989年台湾举办三项公职人员选举，当时民进党内部分候选人组成“新国家联线”，提出“新国家、新宪法”、“东方瑞士台湾国”等包含浓厚“台独意识”的口号作为共同的政治诉求，甚至直接抛出“新宪法草案”作为共同政见和文宣内容。1996年彭明敏、谢长廷代表民进党参选台湾地区领导人，他们先是提出“反统一、要独立”的口号，后来又提出“终结外来政权”的竞选主轴，把选举定位为“台湾与中共代理人”的战争。2000年台湾地区领导人选举的过程中，陈水扁、吕秀莲以“正港台湾人”自居，要求选民“绝不能选一个北京的代言人当总统”。1994年、1998年的台北市长选举，2000年的“总统”选举，都进一步加剧了岛内政治斗争中的省籍矛盾和统独冲突。

90年代，李登辉推动台湾“宪政改革”，把“国代”、“立委”、省市长、“总统”均先后改为由台湾地区民众直接投票选举产生。由于在人口结构上居于少数，外省人在岛内政治权力分配中逐渐失去了原有的优势，而本省人通过选举掌握了台湾政治权力分配的主导权，完成了台湾政治本土化的主要进程。

其次，台湾社会的本土化也表现在文化教育领域。“除了政治权力以外，过去外省人在社会文化上的优势，也在1980年代中期以后，随着台湾社会中如火如荼的本土文化复苏的热潮中，渐渐流失。”① 本土化在台湾意识的激励下，主张“台湾人说台湾话”、“学台湾史”、“认识台湾”、“认同台湾”，进而在教育文化领域推动“乡土教育”、“母语教育”。本土化成为李登辉时期台湾当局推行的文化政策的重要方向，表现在教育、文学、历史研究、宗教信仰等领域，诸如闽南语教学的提倡、通用拼音的推行、《认识台湾》教科书的适用、本土历史与文学史的编纂等等。1997 年，台湾当局推出《认识台湾》教科书作为“国中”教材，美化日本殖民统治，宣扬“台独史观”，引起两岸舆论的批判。

本土化在台湾文化教育领域的极端表现是在文化上鼓吹“去中国化”的思潮。“本土化在台湾文化中的极端论述的实质，是以台湾文化的主体性来摆脱中国文化的属性，甚至以日本军国主义的皇民文化来营造所谓的台湾文化的主体性，目的是在文化领域推行‘去中国化’的政治企图”②。本土化以台湾文化和中国文化之间差异性的论述，来为“台独”寻找文化上的理论依据。本土化还以台湾文化对中国文化的优越性的论述，来贬低和排斥中国文化的影响力。

由于岛内分裂主义思潮的影响，本土化无论是在政治领域还是在文化教育领域的发展，都加剧了台湾民众对于大陆的政治疏离感。李登辉当政时期，以“台湾意识”和台湾利益的代表者自居，不断强化台湾民众对大陆的敌意，片面强调大陆对台湾“军事威胁、政治打击、外交围堵”的印象，使台湾民众的疏离感日益增长。

① 王甫昌著：《当代台湾社会的族群想像》，台北·群学出版有限公司，2003 年版，第 153 页。

② 张文生：“从本土化或全球化看两岸关系：两种不同的政治思维”，《台湾研究集刊》2001 年第 4 期。

二、李登辉分裂主义政治路线产生与发展的现实背景

第一节 李登辉当政与国民党的流派斗争

社会存在并不仅仅是生产方式、人口和自然环境，马克思和恩格斯认为："人们的存在就是他们的实际生活过程"，人们的社会存在既包括人与自然的关系，也包括人与人之间的社会关系。"我对我的环境的关系是我的意识。"① 李登辉分裂主义意识的产生和发展与李登辉及其台湾社会所处的社会环境直接相关。1988年李登辉继任台湾地区领导人以来，国民党内即呈现出激烈的派系斗争，即所谓的"主流派"与"非主流派"之间的政治路线、意识形态和政治权力角逐。当然流派斗争并不是台湾特殊社会存在的唯一表现，但确实是台湾特殊社会存在的典型表现。"国民党主流派系指，在党内权力分配上居于主导地位；在意识形态上倾向强调台湾自主本位、台湾利益优先；并高度拥护李登辉施政的政治成员，其代表人物如：宋楚瑜、许水德等。非主流派系指，在党内权力分配上居于次要地位，在意识形态上较倾向于同情大中国统一政策；低度支持甚至反对李登辉施政的政治成员，其代表人物如：郝柏村、梁肃戎等。"② 经过1988年的代理党主席竞争、国民党"十三全大会"的斗争、1990年的"二月政争"、1992年及1994年"修宪"中的"总统直选方式"之争、以及1996年的台湾地区领导人选举，李登辉不断巩固其政治权力，非主流派在国民党内的力量逐渐式微。然而，主流派与非主流派的权力斗争与路线斗争的过程对于形塑李登辉的分裂主义政治路

① 《马克思恩格斯选集》，人民出版社，1972年版，第30页、第35页注①。

② 李炳南编著：《不确定的"宪政"——第三阶段"宪政"改革之研究》，台北市·扬智文化事业股份有限公司，1998年第1版，第21页。

线起了极大的影响与推动作用。

（一）从李登辉继位到国民党“十三全”：国民党主席之争

1988年，蒋经国去世后，李登辉依法继位。以宋美龄为首的“官邸派”试图阻止李登辉接任国民党主席，李登辉通过坚持“蒋经国路线”，拉拢国民党非主流派，逐渐夺得党权，巩固了个人的政治地位。

1. 蒋经国去世与李登辉继位

1988年1月13日下午3时50分，国民党当局的“总统”蒋经国因心脏呼吸衰竭而去世。当天晚上，国民党召开了临时中常会，决定依据“中华民国宪法”第49条规定，由“副总统”李登辉继任“总统”。当晚8时08分，国民党当局的党政军大员齐集“总统府”大礼堂，李登辉在“司法院长”林洋港监誓下，宣誓继任第七任“中华民国总统”。蒋经国的去世，标志着台湾“强人政治”时代的结束；而李登辉的继位，标志着第一个“台湾人总统”的产生。

蒋经国去世之时，并未留下遗嘱，李登辉、俞国华等人在蒋经国居住的七海官邸匆匆讨论撰写了遗嘱内容，由王家骅纪录缮写，李登辉、俞国华、倪文亚、林洋港、孔德成、黄尊秋、蒋孝勇等人签名，并公开对外发布。国民党当局公布的蒋经国遗嘱宣称：“经国受全国国民之付托，相与努力于以三民主义统一中国大业，为共同奋斗之目标。万一余为天年所限，务望我政府与民众坚守反共复国决策，并望始终一贯积极推行民主宪政建设。全国军民，在国父三民主义与先总统遗训指引之下，务须团结一致，奋斗到底，加速光复大陆，完成以三民主义统一中国之大业，是所切嘱。”[①] 李登辉宣誓继任“总统”后发表谈话，表示：“十余年来，登辉亲承训诲，深知经国先生忠诚谋国的苦心，无时无刻不以实行三民主义，完成中国统一的大业为职志，也无时无刻不以增进全体同胞的福祉，而日夜忧勤。今天，国家的大政方针均已确定，各项建设也在全面展开，希望我全体同胞，务须遵照经国先生遗嘱，坚守反共复国决策，积极推行民主宪政，一心一德，团结奋斗。登辉自当本乎至诚，遵守宪法，维护国家安全，增进全民福祉，竭尽一切力

① 《历史巨人的遗爱》，台湾“中央日报”编印，“中央日报”出版部1988年2月初版，第1页。

量，与我全体同胞，共同为完成以三民主义统一中国的大业而努力。”①

当晚，刚刚继任“总统”的李登辉连续发布三道命令，包括治丧令、奉行遗嘱令和紧急处分令。在奉行遗嘱令中，李登辉表示：“遗嘱犹以‘坚守反共复国决策积极推行民主宪政’谆谆训诲。我全国同胞务须团结一致敬谨懔遵，笃行实践，竭忠尽智，克竟全功，愿共勉旃。”② 在紧急处分令中，李登辉宣布：“国丧期间聚众集会游行及请愿等活动一律停止”③。台湾“行政院”则宣布从1988年1月14日起到2月12日止，“国丧期间共30日”。台湾当局的“国防部”也通令：“自今晚8时起，驻守在金马前线及全国各地的武装部队一律停止休假，加强戒备。”④

第二天，即1988年1月14日，中国国民党中央委员会通过中央广播电台发表“敬告大陆同胞书”，宣布蒋经国因病逝世的消息，宣示“中国国民党矢志完成以三民主义统一中国的大业，不达目的决不终止”，并且吁请大陆同胞“化悲恸为力量，团结起来，共同来为三民主义统一中国而奋斗！为实践民族独立、民权平等、民生乐利而共同奋斗！”⑤ 当日，对于蒋经国先生的去世，中国共产党中央委员会致电国民党中央委员会，表达了哀悼之意，电文指出：“惊悉中国国民党主席蒋经国先生不幸逝世，深表哀悼，并向蒋经国先生的亲属表示诚挚的慰问。”⑥ 在此同时，时任中共中央总书记的赵紫阳发表公开谈话，对中国国民党主席蒋经国先生不幸逝世，“深表哀悼”，并积极肯定“蒋经国坚持一个中国，反对‘台湾独立’，主张国家统一，表示要向历史作出交待，并为两岸关系的缓和作了一定的努力”；重申了中国共产党“和平统一祖国的方针和政策是不会改变的”；也表达了大陆人民的期

① 《统一是中国唯一的道路——李“总统”登辉先生言论选粹》，台湾“行政院新闻局”编印，1991年7月第1版，第3页。

② “总统发布遗嘱奉行令”，台湾《中国时报》1988年1月14日第2版。

③ “总统发布紧急处分令、国丧期禁止集会游行”，台湾《中国时报》1988年1月14日第1版。

④ 《历史巨人的遗爱》，台湾“中央日报”编印，“中央日报”出版部1988年2月初版，第25页。

⑤ 《历史巨人的遗爱》，台湾“中央日报”编印，“中央日报”出版部1988年2月初版，第27—29页。

⑥ 原载《人民日报》1988年1月15日，《台湾问题文献资料选编》，国务院台湾事务办公室研究局编，人民出版社1994年1月第1版，第382页。

待，“我们希望新的国民党领导人，从中华民族根本利益出发，审时度势，顺应民心，把海峡两岸关系上开始出现的良好势头推向前进，为早日结束我们国家分裂局面、实现和平统一作出积极贡献”；“我们由衷地期望台湾局势稳定，社会安宁，经济继续发展，人民安居乐业”。①

2. 国民党代理党主席之争

李登辉虽然依法继任“总统”，但是李登辉在国民党内的权力根基并不牢靠。蒋经国去世后，党政大权仍由蒋经国所扶植的党内实权人物所掌控，其中包括“行政院长”俞国华掌握了政务系统、国民党秘书长李焕掌握了党务系统、“参谋总长”郝柏村掌握了军队系统。为了夺取党政军的实权，李登辉采取了稳定局势、隐藏野心、各个击破的策略。

李登辉巩固权力的第一步是稳定军方。蒋经国去世后的第二天，即1988年1月14日早上，李登辉一上班即召见“参谋总长”郝柏村，听取郝柏村的报告，还出言安抚郝柏村：“经国先生的改革将继续推动，军中人事以安定为原则，请你多负点责”。随后，台湾军方的“国防部长”郑为元、“参谋总长”郝柏村公开上电表达效忠，表示三军官兵“衔哀报效”，“服从命令”。

李登辉巩固权力的第二步是向各方表态将遵循蒋经国的路线。从1988年1月14日开始，李登辉每天一早先到设在台北士林荣民总医院怀远堂的蒋经国灵堂行礼，再到“总统府”上班，以示对蒋经国的尊崇和继承，李登辉为此坚持了13天。李登辉甚至还特意前往“国父纪念馆”与“中正纪念堂”分别向孙中山与蒋介石的铜像行礼。李登辉还马不停蹄地拜会了国民党内的元老宋美龄、蒋方良、严家淦、张群、俞大维、陈立夫等人，目的是“让大家清楚，李登辉会按照蒋经国的路线，订定国家未来发展的方向，希望大家安心”。李登辉还在接见“增额立委”时公开表示，“就任初期，将贯彻蒋经国遗训，因此没有李登辉政策”。②

李登辉巩固权力的第三步是夺取党权。李登辉继任“总统”后，是否接任空缺的执政党国民党主席的职位成为岛内权力斗争的第一波焦点。显然，

---

① 原载《人民日报》1988年1月15日，《台湾问题文献资料选编》，国务院台湾事务办公室研究局编，人民出版社1994年1月第1版，第382页。

② 李登辉唯一受访，邹景雯采访记录：《李登辉执政告白实录》，台北，印刻出版有限公司，2001年5月初版，第50—52页。

李登辉接任党权的过程并没有继任“总统”顺利，李登辉代理党主席案自始就遭到以宋美龄为首的“官邸派”的反对。

蒋经国死后第三天，国民党秘书长李焕召集三位副秘书长宋楚瑜、马英九和高铭辉商议党主席问题，认为党政同一领导人的一元领导有必要维持。李焕和三位副秘书长分别造访党内大老和中常委后，依照规划，准备在1988年1月20日的中常会上推举李登辉担任国民党代理党主席，“十三全”再正式就任党主席。然而1988年1月16日，岛内媒体就传出，国民党中央初步决定暂不推举新任党主席，有关议题延至7月7日召开的“十三全”决定，而每周例行的中常会继续维持蒋经国生前已经运作的中常委轮流主持制度。①这样的决定显然使李登辉接任党权的道路平添变数，夜长梦多。

1988年1月18日，美国在台协会台北办事处处长丁大卫会见李登辉，带去了里根政府“坚定支持台湾安全与安定”的保证，给李登辉吃了一颗定心丸。同一天，国民党内赵少康、林时机、黄主文、王金平、李胜峰等39名“立委”共同联署发表“中国国民党不可一日无领袖”的声明，呼吁“在本党新主席依党章规定的民主程序产生之前，推任李总统登辉先生代理本党主席，以维全民信心，以维本党形象”。② 赵少康等人把李登辉当作国民党内推动改革的力量，支持他对抗“保守的官邸派”。1月19日，宋美龄致信李焕，关于党主席接任人选的安排，她反映国民党元老级的中评委陈立夫建议，应考虑集体领导模式。李焕与“行政院长”俞国华、“总统府秘书长”沈昌焕商议后，决定取消原定1月20日举行的中常会。此后，“国民大会”和“监察院”均出现连署支持李登辉代理党主席的情况，在社会各界舆论的压力下，国民党秘书长李焕和三位副秘书长征求各界意见后，仍决定在1月27日由中常委俞国华领衔提出李登辉代理党主席案。然而，1月26日晚上，蒋经国的第三个儿子蒋孝勇再次打电话给俞国华，表示奉老夫人（宋美龄）之命，指示第二天不得在中常会提出代理党主席案。③

---

① “执政党暂不推举新任主席，有关议题延十三全会决定”，台湾《中国时报》1988年1月16日第1版。

② “39位执政党立委签署联合声明，呼吁推任李总统代理党主席”，台湾《中国时报》1988年1月19日第2版。

③ 参见周玉蔻：《李登辉的一千天 1988——1992》，新华出版社1993年3月第一版，第13页。

1988年1月27日，国民党召开例行的中常会，列席中常会的副秘书长宋楚瑜见迟迟未讨论代理党主席案，按捺不住，突然举手要求发言。宋楚瑜慷慨激昂地表示对于中常会不提出代理党主席案，“非常不满意，并严重抗议”，认为“对党、对国家所造成的伤害将一天大过一天，多拖一天，就越对不起经国先生一天”。[①] 宋楚瑜说完退出会场，与会者一片错愕，李焕随即宣布讨论代理党主席案，国民党中常委一致决议推举李登辉代理党主席。

李登辉巩固权力的第四步是宣示坚持改革和“反台独”的立场。

李登辉夺得党权后，为了展示改革的形象，表示将“加速推动三中全会后所提出的六大政治革新方案”。1988年2月3日，李登辉第一次主持国民党中常会，即通过了“动员戡乱时期充实中央民意代表机构革新方案”，该方案确定民意机构改革的四项原则：“1. 订定增额中央民意代表总额，并拟定自由地区分期扩增之名额，自七十八年选举开始实施；2. 鼓励第一届资深中央民意代表自愿退职，并订定办法，以酬谢其对国家多年贡献；3. 第一届资深中央民意代表，因长年卧病或长居国外，不行使职权已达一定期间者，视为自愿退职；4. 停止第一届国大代表出缺递补。”[②] 2月10日，李登辉第二次主持国民党中常会通过了“动员戡乱时期充实地方机构方案”以及“全台性减刑方案”。李登辉推动的这些改革措施，回应和部分满足了在野的民进党的诉求，向社会各界展示了其继续推动改革的决心。1988年2月22日，李登辉利用首次记者会的机会，向各界宣示“反台独”的决心。李登辉表示：“我们中华民国的国策，大家要了解，就是只有一个中国而没有两个中国的政策。只有一个中国，我们必须要统一。”[③] 通过这一系列的宣示和动作，李登辉取得了国民党基层群众的支持，被岛内社会各界寄予厚望，从而稳定了其初掌党政大权的政治和社会基础。

3. 国民党“十三全”的权力斗争

李登辉夺得党权之后，积极筹备“中国国民党第十三次全国代表大会”，(简称国民党“十三全”)，为其合法、正式取得党主席职位作准备。国民党

---

① 参见周玉蔻：《李登辉的一千天 1988——1992》，新华出版社1993年3月第一版，第16页。

② “执政党通过充实中央民代机构方案，将交有关部门立法并拟定办法施行”，台湾《中国时报》1988年2月4日第1版。

③ “李登辉记者会问答摘要”，台湾《中国时报》1988年2月23日第2版。

规划出席代表为 1059 人，其中台湾省党部为 287 名，台北市党部为 56 名，高雄市党部为 37 名。这三个区域党部采取直接选举方式，在 1988 年 5 月 14 日由党员投票选出 380 名代表。国民党“十三全”在会前成立了五个小组专门针对五项议题分别进行研究，这五项议题是主义与思想案、政纲政策案、大陆工作案、党务革新案以及党章修正案。大陆政策研究组针对大陆政策提出两项共识原则，第一是将中共与中国分开讨论，第二是将中共政权与大陆同胞分别看待。多数人还主张设立处理大陆事务的专责机构，以收统一事权之效。

1988 年 7 月 7 日至 7 月 13 日，以“革新求进步、奋斗争千秋”为主题的国民党“十三全”正式召开。国民党“十三全”是蒋经国去世后国民党召开的第一次“全国代表大会”，李登辉通过“十三全”，巩固了个人在党内的政治地位。“这次大会总的成果评估起来，大致上完成三项基本任务，其一是重新确立新的领导中心，其二是适应新时代的需要标举出新的政治路线纲领，其三是完成中央组织权力结构的全盘改组。”①

第一，李登辉通过表达“反台独”的立场争取国民党内的支持。

国民党召开“十三全”之时，蒋经国培养的党政军大员仍身居党内要津，他们在意识形态上坚持“反共复国”的立场。李登辉为了争取国民党内的支持，不得不公开表明“反对台独、反对分裂”的政治立场。李登辉在开幕致词中表示：“任何分裂国土的主张，均是全民的公敌，为民族大义所不容，为国家法令所不许，必将遭到全体国人的唾弃。”② 7 月 8 日，宋美龄出席国民党“十三全”，并由李焕代为宣读“创新而不忘旧、前进而不忘本”的一篇致词，提出：“眼前正值紧要关头，老成引退，新血继之，譬比大树虽新叶丛生，而卓然置基于地者，则赖老根老干”。“总理创五族共和，志在团结；同为汉族，自无所谓独立之理。以美国之崇尚民主自由，不惜内战，制止分离，其理自明。”③ 宋美龄的讲话，一方面希望国民党新生代尊重老一

---

① 黄辉珍：“体质结构的重整、民主实验的起点——国民党十三全会闭幕总评”，台湾《中国时报》1988 年 7 月 14 日第 2 版。

② “李代主席十三全会开幕致词全文”，台湾《中国时报》1988 年 7 月 8 日第 2 版。

③ “创新而不忘旧、前进而不忘本——蒋夫人于中国国民党十三全会致词全文”，台湾《中国时报》1988 年 7 月 9 日第 2 版。

辈，另一方面表达了对“台独、分裂”的担忧。7月11日，会议完成了党章修正案，维持了国民党所谓“革命民主政党”的属性定位，把“光复大陆国土”当作国民党的重要使命。

第二，国民党中央坚持以“起立”方式选举李登辉为党主席。

正式选举李登辉为国民党主席，是国民党“十三全大会”的主要任务。在会议上，就党主席选举方式采取“票选”还是“起立”的问题，新生代与国民党中央进行了激烈的争辩。在国民党“十三全”召开之前，国民党“立委”赵少康、李胜峰等人提出由党代表票选党主席的主张，反对传统的起立同意的选举方式，希望李登辉“做中国五千年以来第一位民选领袖”。7月8日，经过一番争辩后，国民党仍维持起立方式选举李登辉为党主席。表决过程中，全场1176名党代表起立“拥戴”李登辉担任国民党主席，只有赵少康、李胜峰等8人静坐在座椅上表达抗议。

第三，李登辉对党内权力结构进行了重组。

李登辉对国民党内的权力结构进行了重组，通过十三届中央委员的选举，把十二届中央委员的人选更换了一半，并且使得宋楚瑜、章孝严、关中、马英九等青壮世代浮上台面，而俞国华、王升、倪文亚、郭婉容、马纪壮等老一代的行政官僚则出现排名下滑的现象。7月14日，国民党对中常委进行了改选，在31名中常委中，有12人新任，其中包括宋楚瑜、钱复、苏南成、陈田锚、许胜发等人。李登辉通过逐步更替的方式改变了国民党中央的权力结构，使他自己在国民党内的权力地位更加稳固。

李登辉还挫败了蒋纬国试图挤入国民党权力核心的目标。大会召开之前，部分“资深国代”推举蒋纬国担任国民党副主席，蒋纬国本人则有意争取国民党中常委的职位。7月9日，李登辉宣布现任中评委包括蒋纬国全面留任，打破了蒋纬国转任中常委的计划，把“蒋家人”挤出国民党的决策核心。但是李焕通过担任国民党秘书长的表现，在中央委员选举中冲到第一名的位置，也引起了李登辉的高度戒备。

李登辉通过国民党“十三全”，在党内巩固了其个人的政治地位。由于20世纪80年代末，党政一体的传统仍是台湾政治体制的特色，国民党作为执政党仍牢牢掌控着台湾政局走向，李登辉巩固党权是强化其作为“总统”的政治地位的重要基础。然而，国民党“十三全”暴露了国民党内的矛盾，随着岛内政局的发展，国民党内的矛盾也愈演愈烈。

（二）二月政争：国民党内主流派与非主流派斗争的公开化

李登辉夺得党权后，开始逐步采取削弱非主流派势力的步骤。1989 年 5 月，俞国华辞去“行政院长”职务，由李焕出任“行政院长”，全力支持李登辉的宋楚瑜出任国民党中央秘书长。“宋楚瑜负责帮助李登辉收回和看管党务系统。宋楚瑜对党务系统进行了彻底改革，全面清除亲蒋势力，推行‘本土化’”。[①] 1989 年 11 月，李登辉不顾宋美龄的反对，将担任“参谋总长”长达 8 年的郝柏村调任“国防部长”，削弱了郝柏村的军队指挥权。但是，李登辉的做法也引起了非主流派的警惕，在 1990 年“总统、副总统”选举前夕，非主流派发起了一次强有力的反击。

1990 年 2 月，台湾当局面临所谓第八届“总统、副总统”选举，国民党内围绕着反李与拥李展开了激烈的权力斗争，李登辉步步为营，击溃了反李势力的又一次集结，实现了连任“总统”的目的，史称“二月政争”。1990 年发生在台湾政坛上的“二月政争”，是李登辉继任“总统”以来面临的最大危机，非主流派王升、李焕、郝柏村、林洋港等人暗中运作，对李登辉发起了最有可能成功的一次反击，几乎使李登辉在国民党内丧失了被提名连任的机会。“二月政争”使国民党内主流派与非主流派的斗争公开化，也使李登辉对非主流派留下了深刻的敌意与恶感。

“二月政争”源于“副总统”候选人的提名之争。早在 1989 年 6 月，部分“资深国代”就开始推举蒋纬国参选“副总统”；10 月份，部分“国代”组成“支持贤能人士竞选委员会”拥蒋参选，“国大”的次级团体“政党联合会”、“无党无派主义同志会”、“宪政座谈会”也先后为蒋纬国造势。拥蒋派“国代”包括两路人马，一路以军系“国代”滕杰为主，另一路以“国代”杨公迈、田桂林为主。蒋纬国本人则采取了被动的“候选而不竞选”的态度。除了蒋纬国是“副总统”的热门人选，时任“行政院长”的李焕也得到部分“国代”的支持，拥李派“国代”以东北籍和团派“国代”为主。“全民爱国会”等团体则公开支持林洋港参选“副总统”。

1990 年 1 月，为了营造国民党内拥戴李登辉连任的氛围，国民党中央策

---

① 刘红著：《从“执政”到“在野”》，厦门·鹭江出版社，2000 年版，第 41—42 页。

动了两波连署支持李登辉连任的动作。第一波是春节前后，由国民党中央秘书长宋楚瑜、副秘书长高铭辉、关中等三人分头找31位中常委连署。第二波是1月31日，在国民党中常会散会李登辉离席后，宋楚瑜取出连署书，请出席的中常委在备妥的连署书上一一签名，连李焕、林洋港等人都不得不签名表示支持。在此同时，国民党中评会主席团也完成了所谓“连署支持李登辉连任”的动作。第二天，即2月1日，李登辉放出风声，提出“副总统”人选的“五项条件”，包括：“（1）在政界及学界相当地位和经验；（2）能全心辅弼总统，与总统有共事经验，且能得到总统信任；（3）外省籍；（4）没有意愿竞逐总统职位；（5）年龄略高于中生代，但不会太高。”① 相关条件均指向时任“总统府秘书长”的李元簇，已经排除提名蒋纬国或李焕出任“副总统”的可能性，引起“国民大会”拥蒋派“国代”的强烈反弹，拥蒋派主将滕杰表示：“所谓执政党提名副总统的‘五条件’根本只是‘个人的意见’，无法代表党意与民意。”拥蒋派“国代”扬言：“党既然不尊重我们，那大家只好硬干了。”② 他们表示，如果李登辉不提名蒋纬国搭档竞选，他们将拥护蒋纬国与李登辉对垒竞选“总统”。

非主流派在确定无法取得“副总统”职位后，开始集结反击。1990年2月8日，在时任驻巴拉圭“大使”的王升的推动下，非主流派逐渐结合。2月9日，非主流派主要人物李焕、林洋港、蒋纬国、郝柏村、陈履安等人聚会，形成了推出林洋港和蒋纬国搭档参选“正、副总统”的共识。2月10日，蒋纬国赴美访问以避开岛内激烈的政争。非主流派人士决定第二天先推动党内票选提名候选人，进而再改变国民党“正、副总统候选人”提名人选。“当天晚上，非主流人士再度碰面决定发动”。③

由于李登辉代表了国民党内所谓“民主、改革、本土”的势力，迎合了台湾社会发展潮流，不仅得到国民党多数人的支持，而且得到反对势力的青睐。1990年2月9日，彭明敏在美国纽约召开记者会，公开宣布支持李登辉

① “副总统人选出现黑马 李元簇将获提名”，台湾《中国时报》1990年2月2日第1版。

② “拥护蒋纬国资深国代强烈反弹，不管党部如何决定者坚持到底”，台湾《中国时报》1990年2月3日第2版。

③ 陈守国：“揭开‘非主流派’结合内幕”，台湾《中国时报》1990年3月6日第2、3版。

出任“总统”，“现在只有靠李登辉，才能继续推行民主化”。[①] 国民党中央为了确保李登辉能被顺利提名为候选人，规划以“起立表决”的方式提名“总统候选人”。2月10日，李登辉得到非主流派正在集结的报告，非常紧张，召集亲信宋楚瑜、宋心濂、苏志诚等人，查证情况，彻夜拉票。他曾经公开表示：“二月的有一天，本人知道了我们的政局非常复杂，问题非常困难，整个晚上都没有办法睡觉，差不多连续做了两个钟头的祷告，但是祷告了，灵并没有进来。”[②]

1990年2月11日，国民党在台北举办第十三届中央委员会临时全体会议。李登辉一早赶赴会场，分批会见国民党中央委员，巩固支持。李登辉也约见了李焕，“单刀直入向李焕表示，临中全会若有任何不利国家社会的情况发生，要请李院长负责。”[③] 会议开始后，在讨论“总统候选人”提名方式的过程中，“票选派”与“起立派”发生了激烈的争辩。李焕、林洋港、魏镛、郁慕明等主张应以无记名票选方式选举产生党候选人。国民党秘书长宋楚瑜再次走上讲台慷慨陈辞，批评“有党内同志暗中结合，作出让人忧虑的动作”。[④] 反李与拥李的双方意见分歧，辩论了两个多小时，双方以“少数人一手遮天”、“少数人破坏团结”相互指责。最后，举手表决以99人赞成、70人反对仍通过了以“起立”方式提名“总统候选人”的选举办法，同时也通过了以“举手”方式提名“副总统候选人”的选举办法。在众目睽睽的起立选举方式下，国民党十三届临中全会全体起立，“一致推举”李登辉、李元簇出马竞选“正、副总统”。非主流派最为有利的一次夺权斗争在李登辉集中政经资源围剿下功亏一篑。

国民党正式提名“总统、副总统候选人”后，李登辉和李元簇在台湾各地拜访“国代”拉票。但是“国大”拥蒋派仍然坚持推举蒋纬国参选，2月14日，蒋纬国在美国接受记者采访时否认蒋经国生前曾讲过“蒋家人不再竞选总统”的话，并且坚持“候选而不竞选”的态度。2月19日，第一届“国大”第八次会议在台北阳明山中山楼开幕，“国代”总额为752人，实际报

① “彭明敏支持李总统竞选连任”，台湾《中国时报》1990年2月10日第2版。
② “李总统：圣经的一段话让我安心睡着”，台湾《中国时报》1990年3月12日第2版。
③ 周玉蔻著：《李登辉的一千天1988—1992》，新华出版社，1993年版，第95页。
④ “正副总统候选人选举方式引发党内激辩”，台湾《中国时报》1990年2月12日第1版。

到人数为 739 人，主要任务是选举“总统、副总统”。“国大”反李的人马逐渐合流，酝酿推出林洋港和蒋纬国搭档参选“正、副总统”。

“国大”召开后，国民党中央一方面积极动员各种力量，拉拢、分化拥蒋派“国代”；另一方面营造对李登辉有利的社会氛围，发动工商界、教育界、各级民意机构等民间系统发表声明，拥戴和支持“双李”。1990 年 2 月 25 日，包括许倬云、田弘茂、吕亚力等 24 人，公开发表一份名为“政局不稳、全民皆输——一群海内外知识分子对当前时局的呼吁”的声明，要求“资深国代们值此一大是大非的关键时刻，以国家利益为重，摒除一己之私，顺利完成此次国家元首选举的历史任务”；呼吁执政党大老们“及早自动宣布退出此次权力争逐”。① 同一天“澄社”发表“超越民主逆流，突破宪政僵局”的声明，坚决反对出现第三位“蒋总统”。

1990 年 3 月 2 日，李登辉约见林洋港，希望林洋港“不要参选”，但遭到林洋港的拒绝。3 月 3 日下午，李登辉约请国民党内的八大老——即谢东闵、陈立夫、黄少谷、袁守谦、倪文亚、李国鼎、蒋彦士、辜振甫会面，达成所谓“党内不同意见可以有，但是党绝对不能分裂”的共识，并愿意出面分头协调林洋港、郝柏村、李焕、陈履安、蒋纬国等非主流派人士。3 月 4 日，200 多位“国代”出席了拥戴林蒋的餐会。3 月 5 日，除李国鼎外的七大老与李焕、林洋港、郝柏村、蒋纬国四人举行了四个小时的整合协商会议。3 月 7 日，李登辉在国民党中常会针对非主流派所提的意见发表回应谈话，他表示：“在民主化的要求下，本党的组织、属性与决策过程，无一不可检讨，也无一不可调整。”“对少数人士假民主之名，以遂行其分裂国土的阴谋叛乱行为，除已多次公开谴责外，切望有关机关依法严惩。”② 但是非主流派对李登辉的回应并不满意。3 月 8 日，前台湾省议会议长蔡鸿文居间协调，并且转达李登辉“只选一届”的承诺。3 月 9 日，林洋港公开发表声明，宣布退出“总统”选举。3 月 10 日，蒋纬国也宣布退出选举。此后，李登辉在拜访“国代”时公开表示“若当选任满即退休”。3 月 16 日下午，“国大”

---

① “政局不稳、全民皆输——一群海内外知识分子对当前时局的呼吁”，台湾《中国时报》1990 年 2 月 26 日第 2 版。

② “李主席：执政党无一不可检讨，也无一不可调整”，台湾《中国时报》1990 年 2 月 8 日第 2 版。

截止候选人提名登记，李登辉得到636位、李元簇得到594位“国代”的连署支持，李登辉、李元簇成为唯一一组获得提名的“正、副总统候选人”。3月21日，“国大”正式投票选举“总统”，李登辉获得641票当选；3月22日，李元簇以602票当选“副总统”。李登辉有惊无险地度过了这场惊心动魄、跌荡起伏的“二月政争”，国民党非主流派以失败而告终。

（三）从“肝胆相照”到“肝胆俱裂”：郝李矛盾的激化

李登辉虽然任命李焕担任“行政院长”，但始终对李焕怀着深刻的戒备心理。随着主流派与非主流派在“二月政争”中的矛盾公开化，“李登辉与李焕的距离越来越远。到了1990年三四月间，两人关系极为冰冷。双李每周一次会面交换意见的晤谈，无话可说，时间越来越短，有时候五分钟就草草结束。”[①] 1990年5月，李登辉利用连任就职之机对“内阁”进行全面改组，任命郝柏村出行“行政院长”。李登辉提名郝柏村“组阁”，具有一箭双雕的权力斗争考虑。一方面，通过郝柏村逼退李焕，使非主流派的结盟瓦解；另一方面，迫使郝柏村退出现役，交出军权，同时还要面对民进党与知识界对“军人干政”的反弹。为了拉拢郝柏村，李登辉还用“肝胆相照”形容双方的关系。

1990年5月20日，国民党中常会临时会通过提名郝柏村为“行政院长”，然而在此同时，“全学联”等组织发动1万多人在台北街头游行抗议，高呼“郝柏村下台”、“反对军人干政”等口号。5月29日，李登辉发布任命郝柏村为“行政院长”的人事命令；同一天，在民进党“立委”的激烈抗争中“立法院”通过了郝柏村担任“行政院长”的人事同意案；在“立法院”外，民进党发动“反军人干政”群众示威活动，示威群众与警方发生了激烈的暴力冲突。在郝柏村三年多的“行政院长”任期中，以民进党为主的反对郝柏村的声浪始终高涨不退，李登辉则利用民进党维持了对郝柏村的政治牵制。

郝柏村担任“行政院长”后，李郝之间维持了一段时间相互合作的蜜月期，但不久之后，双方就开始暴露出权力分配、政治路线与“宪改”主张上

---

① 周玉蔻著：《李登辉的一千天（1988－1992）》，北京·新华出版社，1993年版，第82－83页。

的矛盾。

首先，李郝双方的冲突在权力斗争中爆发。1991年7月，郝柏村不顾李登辉的劝止在“国防部”与高级将领召开军事会议，引起李登辉的顾忌。李登辉的亲信将相关资料交给民进党“立委”叶菊兰，叶菊兰公开指责郝柏村“有图谋不轨的强烈野心”。8月1日，李登辉会见8位高级将领并发表讲话，不仅未对郝柏村伸出援手，反而要求军方：“做任何事情不要看人，要看国家。对国家的效忠，这是非常重要的。”① 显然，李登辉要排除郝柏村的影响力，要求军队对他效忠，这使得李郝之间的心结越来越大。以至于在“立法院”出现了所谓“代理人战争”情况，一方是以“立委”郁慕明、李胜峰为代表的“新国民党连线”，高举“中国统一”的旗帜，对郝柏村全力支持；另一方是以“立委”吴梓、林钰祥、陈哲男等为代表的“集思会”，以李登辉的忠实门徒自居，经常强烈抨击郝柏村。双方在“立法院”唇枪舌剑，你来我往，钩心斗角。1991年底，李登辉提出晋升“总统府参军长”蒋仲苓为一级上将。郝柏村认为依据蒋经国确定的台湾军方惯例，晋升一级上将必须任“参谋总长”或有战功，而晋升蒋仲苓破坏了军方的传统惯例，因此他坚决反对。李郝矛盾急剧上升。

其次，李郝之间的斗争也表现在政治路线上。1990年9月，郝柏村在未征得李登辉同意的情况下提出“一国两地区”的定位作为规范两岸关系的基本理念。在“反台独”问题上，郝柏村采取了坚决不妥协的立场，1991年3月，郝柏村在答复“立委”质询时表示：“对于台独，政府绝没有妥协余地，不论以任何形式，政府均不能接受，李总统也不会接受。”② 1991年6月，李登辉表示赞成郝柏村“统独休兵”的看法，郝柏村则认为，他提出“统独休兵”并不表示“台独”可以任意而为，“统独之间没有中间地带”。1992年9月前后，“集思会”的黄主文、吴梓、陈哲男、洪昭男、刘兴善、林钰祥等人质疑国民党的“一个中国”政策，提出“分裂国家”、“两个中国”、“国民党台湾化”、“台湾优先”等主张，遭到郝柏村的严厉反驳，认为“忠贞国民

① 台湾《中央日报》1991年8月1日。

② 张慧英：“郝揆：政府对台独绝无妥协余地”，台湾《中国时报》1991年3月23日第1版。

党员必须和台独划清界限”、“不支持一个中国政策，就不要作国民党党员”。[①] 李焕在国民党中常会中提议对主张“一中一台”的党员及“立委”进行处分，但李登辉仅裁示“交考纪会处理”。此后，“考纪会”对“主流派在立法院最有力的战将之一”陈哲男作出了“从轻处分”的决定，引起国民党非主流派的强烈不满，要求以开除党籍的方式进行处理。在国民党非主流派的坚持下，1992 年 12 月 3 日，国民党中常会通过了开除陈哲男党籍的处分案，“一中一台案”的处理意示着非主流派在带有强烈意识形态倾向斗争的个案中取得了胜利。

此外，李郝所代表的主流派与非主流派在有关“总统选举方式”的“宪改”主张方面也存在着尖锐的政治矛盾。非主流派主张“总统”应当由“委任直选”产生，反对主流派主张的“公民直选”。非主流派认为“总统直选等于重新制宪”，“公民直选等于举行公民投票”，选出的只是“台湾的总统”，“台湾选出的总统不能代表全中国，总统直选与宣布台独无异”。但是由于主流派打着民意牌，与民进党里应外合，使得非主流派逐渐弃守“委任直选”的政治主张。

1993 年 1 月 30 日，第二届“国大”临时会闭幕。在闭幕式上，民进党“国代”高喊“郝柏村下台”的口号，国民党直选派“国代”或冷眼旁观，或与民进党“国代”互相呼应，时任“行政院长”的非主流派的主要人物郝柏村振臂高呼：“中华民国万岁！”“消灭台独！”郝柏村随即提出辞去“行政院长”职务。郝柏村认为，“台独”纵使不是李登辉造成，也是由李所纵容、维护出来的；是李登辉与民进党里应外合，迫使他辞去职务。1 月 31 日，支持郝柏村的群众走上台北街头游行示威，游行群众一路上不断高喊“反独台”、“反独裁”、“打倒李登辉”、“李登辉下台”等口号。2 月 3 日，国民党中常会通过了郝柏村的请辞案，此后，李登辉提名连战出任“行政院长”。1993 年 5 月 19 日，谢东闵、俞国华、倪文亚、李国鼎、何宜武等 5 位非主流派的中常委，宣布不再在国民党“十四全”竞选中央委员并辞去中常委职务。非主流派在国民党内越来越呈现出边缘化的趋势。

---

① “不支持一个中国政策，就不要作国民党党员”，台湾《中国时报》1992 年 10 月 7 日第 2 版。

（四）新党成立：国民党的分裂

早在1989年8月25日，国民党内非主流派中的新生代——赵少康、郁慕明、李胜峰等人为了与“集思会”抗衡，组织成立了“新国民党连线”。“新国民党连线”高举坚持中国统一、反对“台湾独立”的旗帜，与岛内“台独”势力作了针锋相对的斗争。随着李登辉分裂主义政治路线的日益暴露，“新国民党连线”反对李登辉的立场也日益鲜明。1993年初，由于郝柏村被迫辞去“行政院长”职务，使得非主流派退出了国民党高层权力核心，在国民党内呈现出边缘化的趋势，国民党内非主流派尤其是新生代的危机感越来越强烈。1993年3月，“新国民党连线”向台湾内政部门申请登记成立政治团体；8月10日，国民党召开“十四全”前夕，“新国民党连线”进一步宣布成立“新党”，以“小老百姓的代言人”自居。赵少康、郁慕明、李庆华、周荃、陈癸淼、李胜峰、王建煊等七人宣布退出国民党，成为新党的组党发起人，赵少康担任首任召集人。8月22日，新党举办了成立大会，通过了党章。8月25日，新党正式登记成立，成为台湾内政部门登记成立的第74个政党。11月24日，前“退辅会主委”许历农宣布退出国民党，加入新党，他抨击李登辉主导下的国民党“挂羊头卖狗肉”，“已与主张台独的民进党合流”，“他推崇新党才是正统国民党”①。

新党的成立是国民党内主流派与非主流派激烈斗争的产物。主流派与非主流派长期以来在国民党内展开了权力分配与政治路线上的角逐，矛盾越积越深，作为非主流派新生代的代表，“新国民党连线”的成员不甘于在党内斗争中日益边缘化的趋势，“国民党‘主流派’在十四大前对‘非主流派’全面挤压，是促使‘新连线’出走组党的直接原因。”② 新党的成立标志着到台湾之后的国民党的第一次分裂，一方面，新党的成立使国民党内非主流派的力量更加萎缩，另一方面，也使台湾社会形成了公开的、正式的较有影响力的“反李、反台独”的政治组织。

新党的成立不仅改变了台湾国、民两党对抗的政党政治格局，形成了三党竞争的政党政治生态，而且给李登辉的分裂主义路线造成极大的牵制。新

① “许历农脱离国民党加入新党”，台湾《中国时报》1993年11月25日第1版。

② 王在希：“台湾‘新党’成立背景及发展趋势分析”，《台湾研究集刊》1993年第4期。

党坚持“一个中国”原则，反对“台湾独立”、“一中一台”、“两个中国”等论调，当然新党所称的“一个中国”是指“中华民国”。1994 年新党推出赵少康竞选台北市长，打出了“中华民国保卫战”的旗帜，在选举中挑起了统“独”大战，结果赵少康虽然高票落选，但却使新党跨过了 5%的政党门槛，并且在台北市当选了 11 席市议员。1995 年底在台湾的“第三届立委”选举中，新党主张以和平方式逐步达成统一，明确地打出“反台独”的口号，不仅公开反对民进党的“台独”主张，而且强烈批评李登辉“明统暗独”的立场，结果新党在总席位 164 席中获得 21 席“立委”，得票率达 12.95%，成了台湾政坛中占据关键少数地位的政党。1996 年新党全力支持林洋港、郝柏村参选“正副总统”，同时在“国代”选举中攻下 46 席，得票率达到 13.67%。1996 年新党在“立法院”与民进党联手发起了“二月政争”与“五月政改”，制约了李登辉在施政中一意孤行地贯彻分裂主义政治路线的做法。1995 年和 1996 年是新党发展的高潮期，也正是李登辉大肆推行分裂主义的内外政策的时期，尤其是 1995 年 6 月李登辉访问美国，严重危害了两岸关系的和平与稳定。新党的发展对国民党与民进党的“独台”与“台独”的合流产生了一定的制约作用。新党多次联合“新同盟会”等政治团体举办“我是中国人”的大游行。1999 年 7 月李登辉抛出“两国论”，新党发起游行，予以反制。然而，经过 90 年代中期的发展高潮之后，新党一方面淡化“反台独、促统一”的意识形态，另一方面内部权力斗争加剧，在各项选举中连遭败绩，最终仍旧无法摆脱发展成为泡沫性的政党的结局。

（五）“林郝配”对“李连配”：非主流派的最后攻击

1993 年 7 月 12 日，在国民党召开“十四全”之前，国民党非主流派的“新同盟会”推出“正副总统”、省长及北、高市长的推荐人选，包括“总统”候选人林洋港、“副总统”候选人陈履安、台湾省长候选人吴伯雄、台北市长候选人赵少康及高雄市长候选人吴敦义，以争取国民党“十四全”党代表的连署支持。第二天，林洋港表示：“郑重考虑”竞选“下届总统”，并且表示：“我过去一贯主张，在第三阶段修宪时，总统选举应该要采取直接民选方式”。①

---

① “林洋港：竞选总统需要客观条件配合”，台湾《中国时报》1993 年 7 月 14 日第 2 版。

1993年8月16日至22日，国民党在台北市召开“十四全”，李登辉对国民党的权力结构进行了重新改组，基本上实现了国民党本土化的政治目标。在国民党新任的210名中央委员中，非主流派仅占约44位。主流派即以李登辉为首的本省籍政治势力取得了国民党权力结构中的主导权，非主流派的力量成为国民党内的少数派。为了安抚非主流派，李登辉仍旧提名林洋港、郝柏村与李元簇、连战四人同时担任国民党副主席。李登辉认为，“十四全”是“中华民国及国民党再出发的分水岭”，“十四全”之后的国民党“具有十分本土化的政党特色”，已经是“台湾地方化的新国民党，这间老店已经换装，卖东西、服务的人都不一样了”。① 李登辉的说法引起非主流派的不满，认为是李登辉推行“台独”理念的表现。

1994年1月，台湾《远见》杂志总编辑王力行女士在访问郝柏村的基础上写作出版《无愧——郝柏村的政治之旅》一书，对国民党内的流派斗争进行了揭露。4月份，郝柏村在接受日本读卖新闻专访时，明确表示反对李登辉连任。6月10日，林洋港辞去“司法院长”职务，表达了参选“总统”的强烈决心。8月3日，郝柏村与李登辉在国民党中常会上为第三次“修宪”问题爆发公开的言词冲突，郝柏村直言有学者批评“这次修宪是一党修宪、甚至是一人修宪”，李登辉立刻怒斥“你有偏见，这是谁讲的话我知道，这是偏见，你根本不了解整体问题，你的话我不以为然，偏见”。②

虽然林洋港不断紧咬李登辉曾经承诺不再参选的政治诚信问题，但是李登辉参选的态势日益明朗。1995年主流派与非主流派围绕“总统”选举的竞争再次激化。1995年初，国民党内出现了劝进李登辉竞选连任的声音。新同盟会的成员梁肃戎、蒋纬国、许历农等都坚决反对李登辉连任。1月15日，新同盟会决议支持林洋港参选“总统”。2月15日，林洋港公开表示“他个人参选总统到底，至于国民党会不会分裂，要考虑责任的人不是他”③。4月份，蒋纬国发表“正统国民党员何去何从?”的文章，认为：“今天的国民党，因为领导当局已经公开宣称彼所领导的国民党‘只有两岁’，并自命为

① 台湾《自由时报》1993年10月4日报道。

② “郝：一人修宪；李：你有偏见”，台湾《中国时报》1994年8月4日第1版。

③ 台湾《联合报》1995年2月16日报道。

‘历史新开端’，又指称国民党是‘外来政权’，要将它变成‘台湾人的国民党’，所以其领导的‘台湾国民党’，应称为‘两岁党’，这已明显脱离了百年正统。”蒋纬国呼吁：“所有第五代的国民党员，以及第六代自许为承继国父正统理念的新党同志，尽快充分合作，新旧结合，共图遏止台独与独裁。”[①] 4 月 11 日，部分国民党中生代教授组成“中国国民党救党改革委员会”，发表“救党宣言”，用梁启超的话“国家不幸元首谋逆”暗批李登辉，呼吁台湾当局“欲海无涯，回头是岸”。4 月 29 日，国民党中央考纪会撤销“救党会”召集人孙安迪的党籍。5 月 7 日，新同盟会举行成立周年庆祝大会，发表宣言，强烈抨击李登辉“纵容台独、破坏宪法、违背诚信”，坚决反对李登辉连任。5 月 12 日，纽约《世界日报》刊登郝柏村《给本党考纪会的公开信》，认为“如今，谁是忠党？谁在毁党？面临严峻的考验。”[②] 8 月 13 日，为纪念抗战胜利 50 周年，新同盟会在台北市发起“我是中国人”万人大游行，“反李登辉、反台独”成为游行的主轴。

面对非主流派的批判声浪，李登辉再次要弄两面手法。1994 年 6 月，李登辉在金门巡视时表示：“大家都是中国人，都是台湾人。”[③] 1995 年 5 月份，会见侨界代表时表示：“国家统一是长远努力的目标，有部分人讲我搞台独，这都是昧于事实的说法，更是一种恶意的曲解”[④]；对党务系统宣称“国民党最重要的方向和目标就是保卫中华民国”；对梁肃戎表示，他是主张统一的，“大家不应该误会我”。然而，在此同时，李登辉却又跑到美国肆无忌惮地鼓吹“中华民国在台湾”、“在台湾的中华民国”。

1995 年 8 月初，林洋港公开表示，如果未获国民党提名参选，会放弃党的支持，采取公民连署的方式参选到底。8 月 15 日，林洋港出版回忆录《诚信》一书，对国民党内流派政争进行了揭露。8 月 17 日和 18 日，陈履安率先宣布投入“总统选举 ，退出国民党。8 月 22 日至 23 日国民党召开了“十四全二次会议”，大会通过“总统、副总统候选人提名办法”，决定由全体党代表投票提名“总统候选人”，由“总统候选人”推荐“副总统候选人”。李

① 台湾《联合报》1995 年 4 月 4 日。
② 纽约《世界日报》1995 年 5 月 12 日。
③ “李总统：大家都是中国人，都是台湾人”，台湾《中国时报》1994 年 6 月 10 日第 1 版。
④ 台湾《联合报》1995 年 5 月 19 日报道。

登辉宣布参加竞选。会后，林洋港召开记者会宣布退出“党内初选”。

1995年8月31日，国民党举行党代表投票，李登辉获得91.2%的支持率；9月1日，国民党正式提名李登辉、连战参加“正、副总统”竞选。1995年10月21日，陈履安正式宣布与王清峰搭档参选“正、副总统”。11月15日，林洋港、郝柏村宣布搭档参选“正副总统”。“林郝配”将1996年台湾地区领导人选举定位为“反台独与独台、和平与战争、民主与独裁”的对决，与新党进行合作，在1995年底为新党“立委候选人”助选，林洋港和郝柏村因此被国民党中央撤销党籍。

而民进党方面，1995年2月28日“独派”大佬彭明敏、辜宽敏加入民进党；3月20日，彭明敏宣布参选“总统”。许信良与彭明敏在民进党内初选中展开了激烈的角逐，彭明敏在党内初选中胜出，提出以“终结外来政权”作为选战主轴。

1996年3月23日，台湾地区领导人第一次直接选举结果产生，李登辉、连战以54%的得票率当选，而代表国民党内非主流派的两组候选人林洋港、郝柏村得票率为14.9%，陈履安、王清峰得票率为9.98%。由于实力悬殊，选后国民党内非主流派全面退却，林洋港、郝柏村、陈履安、蒋纬国等人均淡出政治舞台。李登辉挟持着民意，在台湾社会和国民党内取得了集权统治的“合法性与正当性”，国民党内的主流派与非主流派斗争遂告偃旗息鼓，以李登辉及其主流派的胜利告终。

（六）小结：国民党流派斗争的本质

在20世纪90年代中期以前，李登辉巩固个人权力和地位的政治斗争主要是在国民党主流派与非主流派之间展开的，而国民党内的流派斗争对于型塑李登辉的分裂主义政治路线产生了现实的催化作用。李登辉利用了台湾本土意识和民进党的力量在党内流派斗争中击溃非主流派，使得国民党主流派与非主流派之间的斗争并不仅仅是赤裸裸的权力角逐，事实上，在权力角逐的表面是意识形态和政治路线的尖锐矛盾。当然，李登辉在当政初期也曾经试图在意识形态上向非主流派妥协，但是，权力斗争的激烈冲突使得李登辉在政治上日益向分裂主义路线倾斜，李登辉在意识形态上始终无法摆脱岛内权力斗争格局的制约。随着李登辉“务实外交”的推动、在“一个中国原则”上的动摇和对民进党的拉拢，非主流派攻击李登辉走的是“独台”路线，是“B型台独”。而国民党主流派以及民进党则把国民党非主流派当作旧体制的代表，在国民党主流派看来，“李登辉总统就任两年多以来，传统的旧体制转化到革新的新体制，虽然持续地酝酿和发展着，不曾一日中断，但是在这转化的过程中，旧体制并未在新形势中完全消失，或自甘退出历史舞台，事实上，旧体制的力量却逐渐集结累积，正伺机而发，准备对新体制的形成进行着一次总的摊牌。”①

在国民党流派斗争过程中，非主流派往往被台湾舆论视为“旧体制、反改革、反民主”的代表，然而，在“二月政争”过程中，非主流派却是强烈地要求党内民主改革的政治力量。相反，主流派为了维护李登辉的权力地位，极力维护旧的并不民主的“起立表决”的选举提名方式，也以巩固领导核心、加强团结为名，压抑非主流派的党内民主改革诉求。时任“行政院长”的李焕所草拟甚至公开宣告的民主改革方案比李登辉所承诺和推动的政改方案更加具体、甚至于更加激进，② 给非主流派贴上“旧体制、反改革、反民主”的标签显然是岛内政治斗争的需要。这也说明，20 世纪 90 年代台湾社会所谓的民主改革，是在台湾各种政治力量借以作为政治斗争工具和手段的过程中得以推进和发展的。

第二节　90 年代的两岸政治互动

两岸政治互动构成了台湾社会存在的外部环境因素。从 20 世纪 70 年代末开始，大陆提出和平统一的对台政策，两岸政治互动就酝酿着巨大的变化。1987 年 11 月，台湾当局开放民众返乡探亲，打开了两岸民间交流的大门。李登辉继任后，继续调整大陆政策。台湾成立“海基会”，大陆成立“海协会”。海峡两岸共同推动两岸两会协商和汪辜会谈，开启了两岸政治互动的渠道。然而，两岸政治互动所带来的两岸政治定位问题也成为长期困扰两岸关系的政治难题，李登辉不断地企图在两岸关系、“务实外交”、“宪政体制”中突破一个中国的政治框架，也使得两岸政治互动处在波折起伏的不

① 黄辉珍、林进坤：“台湾政坛最热的一季”，台湾《中国时报》1990 年 2 月 12 日第 6 版。

② “李揆论政主张鲜明”，台湾《中国时报》1990 年 3 月 25 日第 1 版。

稳定状态中。

（一）两岸民间交流的开启

1979年1月1日，全国人大常委会发表《告台湾同胞书》，提出："我们希望双方尽快实现通航通邮，以利双方同胞直接接触，互通讯息，探亲访友，旅游参观，进行学术文化体育工艺观摩。""我们相互之间完全应当发展贸易，互通有无，进行经济交流。"① 在同一天，国防部长徐向前下令福建前线部队停止对大金门、小金门、大担、二担等岛屿的炮击。② 但在此同时，国民党当局却确定了"不接触、不谈判、不妥协"的大陆政策。1980年6月，蒋经国进一步提出要"以三民主义统一中国"。1981年4月，国民党"十二全"通过了"贯彻以三民主义统一中国案"，把"三民主义统一中国"作为台湾当局"努力奋斗之目标"。

20世纪80年代初，随着国内外形势的改变，以邓小平同志为核心的中共第二代领导集体开创性地提出了"和平统一、一国两制"构想。1984年6月，邓小平同志在会见香港知名人士时对"一个国家、两种制度"进行了全面系统的论述，指出："近几年来，中国一直在克服'左'的错误，坚持从实际出发，实事求是，来制定各方面工作的政策。经过五年半，现在已经见效了。正是在这种情况下，我们才提出用'一个国家、两种制度'的办法来解决香港和台湾问题。"③ 1986年3月，中国人民解放军驻福建地区部队发言人宣布："为了进一步缓和台湾海峡地区的局势，促进祖国和平统一，我部已奉命于1985年停止向台湾和金门、马祖诸岛空飘、海漂宣传品。"④ 在"和平统一、一国两制"方针政策的指导下，祖国大陆积极推动缓和两岸关系的举措，为改善两岸关系创造了良好的外部环境，对台湾当局的"不接触、不谈判、不妥协"的政策形成了巨大的压力，迫使台湾当局最后不得不放弃"三不政策"，逐步开放两岸的民间交流与人员往来。

从蒋经国晚年开始，一方面，逐渐推进岛内政治转型，解除长达38年

---

① 《人民日报》1979年1月1日，第1版。

② "徐向前关于停止对大金门等岛屿炮击的声明"，《人民日报》1979年1月1日。

③ 《邓小平文选》第三卷，人民出版社1993年10月第1版，第58—59页。

④ "解放军驻福建地区部队发言人关于停止向台湾空飘海漂宣传品的谈话"，《人民日报》1986年3月23日。

的“戒严”，开放“党禁、报禁”；另一方面，不得不放宽对于两岸人员往来的一些限制。1987年初，在民进党的声援下，外省老兵在岛内掀起老兵返乡运动。1987年4月，何文德等人组织成立“外省人返乡探亲促进会”，提出“抓我来当兵，送我回家去!”的口号。在社会各界的压力下，1987年8月，台湾当局宣布考虑开放一般民众返回大陆探亲。1987年10月14日，国民党中常会通过开放大陆探亲政策，原则同意除现役军人及现任公职人员外，凡在大陆有血亲、姻亲三亲等以内之亲属者，不限年龄，均得赴大陆探亲。[①] 10月15日，台湾当局的内政部门通过“台湾地区民众赴大陆探亲办法”，正式宣布自11月2日起，由红十字会受理台湾民众赴大陆探亲登记。台湾当局开放台胞到大陆探亲的举措得到大陆方面的热情欢迎，10月16日，国务院办公厅发布《关于台湾同胞来祖国大陆探亲旅游接待办法的通知》，指出：“祖国政府热诚欢迎台湾同胞来大陆探亲和旅游，保证来去自由。”[②] 1987年11月2日，台北的红十字会开始受理探亲登记，凌晨三点就有人开始排队，把台湾当局红十字会的办公地点挤得水泄不通，当天就有1000多人办好了手续。开放台湾民众来大陆探亲，突破了近四十年的限制，结束了两岸人民骨肉分离的局面，打开了两岸民间交流与人员往来的大门。

蒋经国去世后，李登辉在继任之初延续蒋经国追求国家统一的政治路线，在大陆政策上采取逐步开放的政策。两岸人员往来和经济、文化交流不断扩大，涉及两岸交流的事务性问题日益增多。例如，随着两岸人员往来的日益增长，两岸公证书的相互使用不断增加，1988年大陆各县市公证处出具的发往台湾使用的公证书有1100多份；1989年增加为4000多份；1990年增加到8900多份，呈逐年增长的势头。

随着两岸交流的增多，涉及两岸人员的各种纠纷和犯罪活动等突发事件也不断出现。1990年7月21日，台湾当局以非人道的方式遣返大陆私渡人员，致使25人在钉死的“闽平渔5540号”船舱中窒息死亡。1990年8月13日，遣返私渡人员的“闽平渔5202号”渔船被押送的台湾军舰撞沉，致

---

① “中常会通过开放大陆探亲政策，原则同意不限制年龄均得前往”，台湾《中国时报》1987年10月15日第2版。

② 《人民日报》1987年10月17日。

使21人溺水死亡。台湾当局草菅人命的做法，遭到舆论的强烈谴责。为了避免类似惨案的发生，1990年9月中旬，中国红十字总会代表韩长林和台湾红十字组织代表陈长文在金门商谈，达成有关海上遣返协议，史称“金门协议”，这是两岸分隔四十年来签订的第一份书面协议。“金门协议”规定了针对私渡人员、刑事嫌疑犯和刑事犯的遣返作业，指出“应确保遣返作业符合人道精神与安全便利的原则”，并商定“马尾—马祖”和“厦门—金门”为遣返交接地点。

（二）两岸两会的成立

面对两岸交流日益频繁，两岸事务不断增加的压力，台湾当局不得不彻底放弃“不接触、不谈判、不妥协”的“三不”政策，在1990年陆续成立了“国家统一委员会”、“大陆事务委员会”、“财团法人海峡交流基金会”作为系统的大陆工作体系。1990年9月12日，国民党中常会通过了“国家统一委员会”（简称“国统会”）设置要点，作为台湾当局推行“国家统一”政策的研究与咨询机构。1990年10月7日，台湾当局正式成立“国统会”，李登辉在致词时表示：“登辉自承全民的付托，就任总统职位以来，念兹在兹，未敢一日或忘的，就是国家统一问题”。① 在总结讲话中，李登辉也明确表示：“我们成立国家统一委员会的目的之一，就是表示‘台独’是行不通的。”② 1990年11月21日，台湾当局成立“财团法人海峡交流基金会”（简称“海基会”），作为受政府委托处理两岸民间交流技术性、事务性工作的民间团体，由辜振甫担任董事长，陈长文、许胜发任副董事长，陈长文兼任秘书长。陈长文在接受记者采访时表示：“基金会的目的是协调、促进两岸交流，让中国迈向统一而不是分裂”。③ 与此同时，11月22日，台湾当局将“行政院大陆工作会报”改组为负责处理大陆事务的专责机构——“行政院大陆事务委员会”，并且正式挂牌运作。

“国统会”与“海基会”的成立之初，确立了坚持一个中国原则，追求

---

① “李总统：中国统一的契机已经展现”，台湾《中国时报》1990年10月8日第2版。

② “李总统：大陆政策首要考虑台湾地区两千万人安全与幸福”，台湾《中国时报》1990年10月8日第2版。

③ “海峡交流基金会秘书长陈长文表示：基金会将规划和中共接触”，台湾《中国时报》1990年11月22日第3版。

国家统一，促进两岸交流的大陆政策，得到大陆方面的善意回应。国台办副主任唐树备表示："对于台湾省的任何团体和个人，只要是真正推动两岸关系的发展，促进直接'三通'和双向交流，我们都愿意与之接触，进行讨论。"① 1991年2月23日，台湾当局的"国统会"通过"国家统一纲领"，表明："大陆与台湾均是中国的领土，促成国家的统一，乃是中国人共同的责任。"② 1991年3月10日，"海基会"正式挂牌运作。4月20日，时任"陆委会副主委兼发言人"的马英九表示："海基会将秉持着中国的、善意的、服务性的原则，努力展开工作。"③ 1991年4月29日，国台办副主任唐树备在会见率团访问北京的海基会秘书长陈长文时，提出了处理海峡两岸交往中的具体问题应遵循的五项原则，其中第二项主张："在处理海峡两岸交往事务中，应坚持一个中国的原则，反对任何形式的'两个中国'、'一中一台'，也反对'一国两府'以及其他类似的主张和行为"；"同时，为解决海峡两岸交往中各个方面的具体问题，应尽早促成海峡两岸有关方面以适当方式直接商谈。"④ 11月3日至7日，陈长文再次率团访问北京，就合作打击台湾海峡海上走私、抢劫犯罪活动问题进行程序性商谈。

为了便于与海基会接触、商谈，1991年12月16日，大陆成立"海峡两岸关系协会"（简称"海协会"），由汪道涵任会长，唐树备任常务副会长。海协会是以促进海峡两岸交往、发展两岸关系、实现祖国和平统一为宗旨的民间团体，可根据授权与台湾当局有关部门和团体商谈并签署协议。两岸两会的成立，标志着海峡两岸制度性协商机制的形成。从此，两岸两会开展谈判的曲折历程，成为两岸关系发展的晴雨表。

（三）"九二共识"的形成

海协会成立以后，两岸两会就"海峡两岸公证书使用"、"开办海峡两岸挂号函件查询、补偿"两项议题展开商谈。1992年3月23日至26日，两会代表在北京开始商谈，双方就如何表述一个中国原则产生了明显的分歧。海基会人员一方面按照"陆委会"的要求，表示"没有受权谈一个中国问题"，

---

① 《人民日报》海外版1990年11月27日。

② "国家统一纲领全文"，台湾《中国时报》1991年2月24日第2版。

③ 台湾《中央日报》1991年4月21日。

④ 《人民日报》海外版1991年4月30日。

另一方面又提出了一些明显违反“一个中国”原则的主张。1992 年 3 月 30 日，海协会常务副会长唐树备指出：“‘一个中国’已是两岸的共识，所以这个原则不应当成为两岸商谈有关具体事务性问题的困扰。”“两岸没有统一，但我们是一个国家，这个原则我们是坚定不移的。至于用什么形式来表述这么一个原则，我们愿意讨论。”①

大陆方面的意见引起了台湾方面的关注，台湾当局的“国统会”就“一个中国”的涵义展开了热烈讨论，有人主张没有必要回避“一个中国”问题，有人主张“一个中国”问题应暂时摆在一边，但均认同应坚持“一个中国”的立场，对于一个中国的内涵，则认为有必要进一步研究。时任“陆委会副主委”的马英九认为，统一之前，台湾当局的立场是“一个中国、两个地区、两个对等政治实体”。② 1992 年 7 月 16 日，台湾立法机构通过了“台湾地区与大陆地区人民关系条例”（简称为“两岸关系条例”），该法第二条规定：“台湾地区指台湾、澎湖、金门、马祖及政府统治权所及之其他地区。”“大陆地区指台湾地区以外之中华民国领土。”③ 仍旧采取了“一国两区”的两岸关系法理架构。1992 年 8 月 1 日，台湾当局的“国统会”就“一个中国”涵义做结论，其中表明：“海峡两岸均坚持‘一个中国’之原则，但双方所赋予之涵义有所不同。”“台湾固为中国之一部分，但大陆亦为中国之一部分。”④ 此后，海协会负责人表示，确认“海峡两岸均坚持一个中国之原则”，对海峡两岸事务性商谈具有十分重要的意义，“它表明，在事务性商谈中应坚持一个中国原则已成为海峡两岸的共识”。⑤

1992 年 9 月，两岸两会秘书长在厦门会面，就一个中国原则的表述问题非正式交换意见，海协会代表表示：“台湾方面关于一个中国原则的结论，说明双方在事务性商谈中坚持一个中国原则已有共识。但我们不同意台有关

---

① 海峡两岸关系协会编：《两岸对话与谈判重要文献选编》，北京，九州出版社，2004 年版，第 72、73 页。

② 台湾《联合报》1992 年 5 月 20 日。

③ 台湾《中央日报》1992 年 7 月 17 日。

④ 海峡两岸关系协会编：《两岸对话与谈判重要文献选编》，北京，九州出版社，2004 年版，第 76 页。

⑤ 海峡两岸关系协会编：《两岸对话与谈判重要文献选编》，北京，九州出版社，2004 年版，第 75 页。

方面对一个中国内涵的解释，也不可能与海基会讨论关于一个中国的内涵”，建议海基会认真考虑径直引用“海峡两岸均坚持一个中国原则”的表述。①

1992年10月28日至30日，两岸两会在香港进行“两岸公证书使用”问题的工作性商谈，双方就如何在协议文本中表述坚持一个中国原则各自提出五种文字表述方案，但未形成一致看法。海基会代表建议“各自以口头方式说明立场”，又提出了三种口头表述方案，其中第八案的表述是：“在海峡两岸共同努力谋求国家统一的过程中，双方虽均坚持一个中国的原则，但对于一个中国的涵义，认知各有不同。”② 海协会经研究后认为可以考虑与海基会以上述各自口头表述的内容表达坚持一个中国原则的态度。11月3日，海基会发表了新闻稿并电传海协会，表示：“本会经征得主管机关同意，以口头声明方式各自表达，可以接受。”③

1992年11月16日，海协会致函海基会，表示同意以各自口头表述的方式表明坚持一个中国原则的态度，告之以海协会的口头表述要点：“海峡两岸都坚持一个中国的原则，努力谋求国家的统一。但在海峡两岸事务性商谈中，不涉及‘一个中国’的政治涵义。”并附上了海基会于10月30日下午所提的口头表述方案。④ 对此，12月3日，海基会回函未表示异议。海协会和海基会在1992年商谈过程中达成的各自以口头方式表述“海峡两岸均坚持一个中国原则”的共识，史称“九二共识”。“九二共识”在坚持一个中国原则的基础上，搁置对于一个中国政治涵义的争议，体现了两岸中国人求同存异的政治智慧，成为两岸两会谈判的重要政治基础。然而，达成“九二共识”并非李登辉的本意，坚持台湾当局的两岸关系政治定位才是李登辉的核心，因此，李登辉认为：“这个问题不只是历史事实问题，也是政治问题，若非要说九二年两会有共识，最真实的叙述就是‘没有共识’。而九二年最

---

① 海峡两岸关系协会编：《“九二共识”历史存证》，北京，九州出版社，2005年6月版，第9、10页。

② 海峡两岸关系协会编：《“九二共识”历史存证》，北京，九州出版社，2005年6月版，第10页。

③ 海峡两岸关系协会编：《两岸对话与谈判重要文献选编》，北京，九州出版社，2004年版，第82页。

④ 海峡两岸关系协会编：《两岸对话与谈判重要文献选编》，北京，九州出版社，2004年版，第81页。

重要的精神是搁置争议。”①

（四）汪辜会谈

海协会成立不久，1992 年 1 月 8 日即致函海基会，邀请海基会董事长或秘书长率员访问大陆。1992 年 8 月 4 日，海协会会长汪道涵再次致函海基会董事长辜振甫，表示“深盼早日会晤，就当前经济发展及双方会务诸问题，交流意见，洽商方案，共利两岸。”② 8 月 22 日，辜振甫回函表示接受邀请，并提议在新加坡就有关双方会务及两岸文化经贸交流诸问题进行磋商。1992 年 11 月，两岸两会达成的“九二共识”，为实现汪辜会谈创造了条件。此后，两岸两会就汪辜会谈进行了预备性磋商。1993 年 4 月 8 日至 10 日，海协会常务副会长唐树备与海基会副董事长兼秘书长邱进益在北京进行汪辜会谈的预备性磋商，就会谈的时间、地点、人员、议题及有关问题达成八项共识。双方认为汪辜会谈的性质“是民间性的、经济性的、事务性的、功能性的会谈”。③

1993 年 4 月 27 日上午 10 时，举世瞩目的汪辜会谈在新加坡海皇大厦正式举行。4 月 29 日上午，汪道涵与辜振甫签署了《汪辜会谈共同协议》、《两会联系与会谈制度协议》、《两岸公证书使用查证协议》、《两岸挂号函件查询、补偿事宜协议》等四项协议。

汪辜会谈是 1949 年以来两岸高层人士的首次接触和谈判，取得了重要成果，有力地推动了两岸经贸往来和民间交流的发展，凝聚了两岸中国人的民族认同，得到海内外舆论和社会各界的高度肯定。1993 年 5 月 6 日，中共中央总书记江泽民同志在会见台湾民营银行大陆考察团时指出：“汪辜会谈是成功的，是有成果的，它标志着海峡两岸关系发展迈出了历史性的重要一步。”④ 汪辜会谈是海峡两岸在坚持一个中国原则的基础上平等谈判的重要模式，说明了在一个中国原则基础上，海峡两岸完全可以通过平等协商，妥善

---

① 李登辉唯一受访，邹景雯采访记录：《李登辉执政告白实录》，台北，印刻出版有限公司，2001 年 5 月初版，第 191 页。

② 海峡两岸关系协会编：《两岸对话与谈判重要文献选编》，北京，九州出版社，2004 年版，第 104 页。

③ 海峡两岸关系协会编：《两岸对话与谈判重要文献选编》，北京，九州出版社，2004 年版，第 111 页。

④ 《人民日报》海外版 1993 年 5 月 7 日。

解决两岸同胞共同关心的问题。台湾《中国时报》的社论认为汪辜会谈“实已为两岸协商对话模式奠定了良好的基础，是历经近半个世纪以来两岸关系从对峙走向和平的一个重大发展关键”。①

为了全面落实汪辜会谈的四项协议，从1993年8月至1995年1月，海协会与海基会先后在北京、厦门、台北、南京等地举行了七次副秘书长层级的工作性商谈，以及三次副会长与副董事长层级的两会负责人会谈。双方围绕着“劫机犯遣返”、“违反有关规定进入对方地区人员之遣返与相关问题”、“两岸海上渔事纠纷之处理”等重要议题展开协商，由于台湾当局刻意强调“两岸分裂分治”，为两岸谈判设置重重障碍，使得政治因素成为影响两岸两会协商的主要障碍，两岸两会商谈的相关协议迟迟未能签署。

（五）江泽民主席八项主张的提出

20世纪90年代初，台湾问题的国际国内环境都发生了较大的变化。在国际上，1989年东欧剧变，1991年苏联解体，国际格局进入了后冷战时代，美国成为世界上唯一的超级大国，美国试图通过插手台湾问题来牵制和遏制中国发展的战略意图强化。1992年9月，美国政府批准售台150架F-16A/B战斗机。1994年9月，美国对台政策作了九项调整，其中包括台驻美机构更名为“台北驻美经济文化代表处”、美国在台协会官员可以到台湾当局“外交部”洽谈公务、允许美国高层官员访台等等。

在台湾，李登辉担任台湾地区领导人的初期延续蒋氏父子坚持一个中国、追求国家统一的政策，但是随着两岸两会谈判的深入与发展，李登辉开始从一个中国的政策上倒退，认为“如果我们只说‘坚持一个中国’，很容易让人家误会，因为在国际上，一个中国指的是中共的‘中华人民共和国’”。因此，他认为“光简单的讲一个中国，就中了中共的圈套”。② 他要求大陆必须承认“两岸分裂分治”的事实，要求大陆承认“中华民国在台湾”的事实。1994年7月5日，台湾当局发表了“台海两岸关系说明书”，主张：“‘一个中国’是指历史上、地理上、文化上、血缘上的中国”；“就政治现实

① “迎接两岸以对话解决争议的新时代——对‘辜汪会议’过程和结果的平议”，台湾《中国时报》1993年4月30日第3版。

② 李登辉：“坚持中华民国立场才不会落入中共圈套”，台湾《中央日报》1992年12月16日。

而言，中国目前暂时分裂为两个地区，分别存在着中华民国政府与中共政权两个本质上完全对等的政治实体”。①

为了进一步阐述中国共产党和中国政府在新形势下解决台湾问题的立场、方针、政策，推动两岸关系发展，促进祖国和平统一进程，1995 年 1 月 30 日，中共中央总书记、国家主席江泽民在海内外中国人共度春节前夕，发表了具有历史意义的《为促进祖国统一大业的完成而继续奋斗》的重要讲话，江泽民主席在讲话中提出了推进祖国和平统一的八项主张和看法。江泽民主席的八项主张结合了 90 年代初两岸关系发展的新特点，继续贯彻邓小平同志“和平统一、一国两制”的方针政策，重申“在一个中国的前提下，什么问题都可以谈”，充分反映了中国政府在解决台湾问题的实践中实事求是、与时俱进的务实态度。

江泽民主席在重申坚持一个中国原则立场的基础上，提出了一系列发展两岸关系的新建议。具体内容包括八个方面的主张：“（一）坚持一个中国的原则，是实现和平统一的基础和前提。（二）对于台湾同外国发展民间性经济文化关系，我们不持异议。（三）进行海峡两岸和平统一谈判，是我们一贯主张。（四）努力实现和平统一，中国人不打中国人。（五）面向 21 世纪世界经济的发展，要大力发展两岸经济交流与合作，以利于两岸经济共同繁荣，造福整个中华民族。（六）中华各族儿女共同创造的 5 千年灿烂文化，始终是维系全体中国人的精神纽带，也是实现和平统一的一个重要基础。（七）2100 万台湾同胞，不论是台湾省籍还是其他省籍，都是中国人，都是骨肉同胞、手足兄弟。（八）我们欢迎台湾当局的领导人以适当身份前来访问；我们也愿意接受台湾方面的邀请，前往台湾。”② 江泽民主席关于促进祖国统一的八项主张，是 90 年代中期以来指导两岸关系发展的纲领性文件，具有很强的现实性和针对性，对于维护两岸关系的基本格局和发展趋势发挥了重要的作用。

---

① “‘台海两岸关系说明书’全文”，台湾《中国时报》1994 年 7 月 6 日第 2、10 版。

② 江泽民：“为促进祖国统一大业的完成而继续奋斗”，《人民日报》1995 年 1 月 31 日第 1 版。

（六）李登辉访美与两岸两会谈判的中止

随着权力的巩固，李登辉分裂主义意识日益暴露。1994 年 3 月 31 日发生“千岛湖事件”，24 位台湾游客、6 名大陆船员及 2 名大陆导游乘坐“海瑞号”游船在千岛湖观光时，被歹徒登船抢劫并纵火烧死。岛内部分政治势力利用偶发的刑事案件掀起“反共”高潮。台湾当局指责大陆“漠视人权、草菅人命”。李登辉攻击大陆官方就如“土匪”一样。台湾当局的“陆委会”决定“暂停两岸文教交流”；宣布“抵制赴大陆旅游活动，并促请业者全面停止出团”，使两岸关系受到极大的损害。

1994 年 4 月 24 日，日本《朝日新闻》发表了司马辽太郎与李登辉的对谈录，即《孤岛的痛苦——生为台湾人的悲哀》一文，否定台湾自古就是中国领土，否定台湾是中国的一部分，否定“一个中国”原则，暴露了李登辉主张分裂的真面目。1995 年 4 月 8 日，李登辉在“国统会”上发表六点讲话，作为对于江泽民主席“八项看法和主张”的回应。李登辉虽然也提出了“以中华文化为基础，加强两岸交流”；“增进两岸经贸往来，发展互利互补关系”等较为正面的看法，但是他首先强调“在两岸分治的现实上追求中国统一”；其次提出“两岸平等参与国际组织，双方领导人藉此自然见面”等建议。李登辉将两岸关系的现状定位为“台湾与大陆分别由两个互不隶属的政治实体治理，形成了海峡两岸分裂分治的局面”，并在此基础上要求“两岸平等参与国际组织”，这显然是大陆难以接受的。

1995 年 5 月 22 日，美国政府不顾中国政府和中国人民的反对，宣布允许李登辉到美国进行所谓“私人访问”，遭到中国政府的强烈抗议。5 月 23 日，中国外交部发表声明，指出：“这是美国政府违反三个联合公报根本原则，损害中国主权和破坏中国和平统一大业，明目张胆地制造‘两个中国’、‘一中一台’的极为严重的行为。”并且表示：“为了维护国家的主权，实现祖国的统一，中国政府和中国人民准备面对任何挑战！”① 1995 年 6 月 7 日至 6 月 12 日，李登辉以康奈尔大学校友的名义到美国进行所谓“私人访

① “就美国政府宣布允许李登辉进行所谓‘私人访问’，我外交部发表声明提出强烈抗议”，全国台湾研究会、姜殿铭主编：《台湾一九九五》，九洲图书出版社，1996 年版，第 422、424 页。原载《人民日报》1995 年 5 月 23 日。

问”，美国东部时间6月9日下午在康奈尔大学发表了《民之所欲，长在我心》的演讲，大肆鼓吹“中华民国在台湾”、“在台湾的中华民国”，宣称要让美国及全世界知道“中华民国屹立不摇”。李登辉的言行遭到中国政府和海内外中国人的强烈谴责，从1995年6月开始，海内外中国人开展了一系列“反台独、反分裂”的政治斗争。

首先，从舆论上对李登辉的分裂主义言行进行了深刻的揭露和批判。1995年7月24日至27日，人民日报评论员、新华社评论员连续发表了四篇评论，对李登辉在康奈尔大学的演讲的分裂主义本质进行了强烈的批判与谴责；8月3日、5日、7日、9日，新华社评论员先后发表了四篇评论，深入地揭露和批判了李登辉分裂祖国、制造“两个中国”和“一中一台”的“台独”言行。

其次，中国人民解放军进行了声势浩大的“反台独、反分裂”的军事斗争，用实际行动旗帜鲜明地重申了中国政府和中国人民坚决维护国家主权和领土完整的信心和决心。1995年7月21日至26日，中国人民解放军在台湾东北外海举行导弹发射训练；8月15日和25日，中国人民解放军在东海海域举行了实弹演习；11月下旬，中国人民解放军南京军区陆海空军部队在福建东山沿海举行了三军联合作战演习。1996年3月，中国人民解放军在台湾海峡及其附近海域先后举行了三波军事演习，强烈地震撼了台湾社会，打击了分裂主义的嚣张气焰。

这场轰轰烈烈的“反台独、反分裂”斗争严正警告了岛内“台独”、分裂势力：“台独、分裂”没有出路。这场斗争使广大台湾民众认识到“台独”的现实危害性，使国际社会看清了“台独”的危险性。由于李登辉访美，恶化了两岸关系的气氛，致使原计划推动的第二次汪辜会谈被迫搁置，两岸两会的工作性会谈和负责人会谈也被迫中止。

（七）汪辜会晤

1995年1月，江泽民主席在“为促进祖国统一大业的完成而继续奋斗”的重要讲话中建议举行政治谈判，并且表示“要促进两岸事务性商谈”。4月份，李登辉在六点讲话中也肯定“汪辜会谈及两岸事务性商谈标志着两岸关系走入协商的时代”。两岸人民要求进一步发展两岸关系的呼声高涨，为此海协会建议“早日举行第二次汪辜会晤，进行政策性对话，并形成制度”。① 经过两岸两会协商，双方初定 1995 年 7 月中下旬在北京举行第二次汪辜会谈，并且商定进行三次预备性磋商。1995 年 5 月 27—28 日，两岸两会在台北举行了第一次预备性磋商，确定了第二次汪辜会谈的具体时间、地点、参加人员、议题、会谈成果发布形式等程序事宜，并且达成了 6 点共识。然而，由于 1995 年 6 月份李登辉访美并且鼓吹“中华民国在台湾”，毒化了两岸政治气氛，破坏了两岸关系发展，致使汪辜会谈和两会商谈被迫中止。1995 年 6 月 16 日，海协会给海基会去函，指出：“鉴于台湾方面近期采取的一系列破坏两岸关系的行动，举行第二次汪辜会谈及其预备性磋商的气氛已受到严重影响。举行会谈及其预备性磋商的时间不得不予以推迟，我会将于适当时机与贵会再行联系。”②

由于李登辉背离了“一个中国原则”，破坏了两岸关系的政治基础，一方面，中国政府和中国人民掀起了轰轰烈烈的“反台独、反分裂”斗争；另一方面，中国政府继续推动两岸政治对话与谈判，要求台湾当局停止制造“两个中国”、“一中一台”的活动，回到一个中国原则的立场上来。“当务之急是举行‘在一个中国原则下正式结束两岸敌对状态’这样的政治性谈判，以此带动其他方面的谈判。”③ 1997 年 11 月海基会致函海协会，建议由辜振甫率团访问大陆。1998 年 2 月 24 日，海协会致函海基会表示“我会一贯主张应进行两岸政治谈判，以为真正改善和发展两岸关系创造条件。”“我们欢迎辜振甫先生在适当时候来访。”1998 年 9 月 14 日，海协会再次致函海基会，建议“两会尽早进行政治对话，为两岸政治谈判的程序性商谈预作准备。”④ 9 月 22 日至 24 日，两岸两会负责人在北京确定了辜振甫访问大陆的具体细节。

---

① 海峡两岸关系协会编：《两岸对话与谈判重要文献选编》，北京，九州出版社，2004 年版，第 327 页。

② “海协关于推迟第二次汪辜会谈及其预备性磋商事函”，海峡两岸关系协会编：《两岸对话与谈判重要文献选编》，北京，九州出版社，2004 年版，第 349 页。

③ “唐树备访美期间与美国有关人士座谈时的发言”，海峡两岸关系协会编：《两岸对话与谈判重要文献选编》，北京，九州出版社，2004 年版，第 379 页。

④ 海峡两岸关系协会编：《两岸对话与谈判重要文献选编》，北京，九州出版社，2004 年版，第 396、402 页。

1998年10月14日至19日，辜振甫率领海基会参访团在上海、北京进行了为期6天的访问。在上海，汪辜进行了第二次会晤，双方达成了四点共识："一、两会决定进行包括政治、经济等各方面内容的对话，由两会负责人具体协商作出安排。二、进一步加强两会间多层次的交流与互访。三、对涉及两岸同胞生命财产安全的事件，两会加强个案协助。四、汪道涵会长对辜振甫先生邀请他访问台湾表示感谢，并表示愿意在适当的时候访问台湾，加深了解。"① 在北京，中共中央总书记江泽民会见了辜振甫夫妇，中共中央政治局委员钱其琛、中共中央台办主任陈云林会见了辜振甫一行。汪辜会晤针对一个中国原则、两岸政治谈判及其程序性商谈、事务性协商等议题展开了广泛的政治对话，拉开了两岸政治对话的序幕，缓和了两岸紧张对立的政治关系。

此后，两岸两会就海协会长汪道涵访台、两会对话事宜多次交换意见，1999年3月18日，两会副秘书长在台北确定汪道涵会长当年秋天访台；6月28日，两会副秘书长在北京原则确定了汪道涵访台的行程路线、停留时间及对话安排。然而，正当两岸两会在积极准备汪道涵会长访问台湾的行程之时，1999年7月9日李登辉抛出了两岸关系是"国与国的关系"的政治定位，7月10日，海基会董事长辜振甫也表示，两岸本来就是"两个独立的政治实体"，两岸会谈就是"国与国会谈"。7月12日，汪道涵会长在接受记者访问时郑重希望辜振甫先生予以澄清。7月30日，海基会致函海协会并附"辜董事长谈话稿"，为李登辉的"两国论"辩解，甚至吹捧其"充分反映了台湾人民的心声"。当天下午，海协会负责人表示"海协不予接收，已正式退回"。由于台湾当局不接受一个中国原则，否认1992年两会关于"海峡两岸均坚持一个中国原则"的共识，不愿公开收回"两国论"，致使两岸两会的联系、交流、商谈再次中断，汪辜会谈成为历史绝唱。

（八）小结：两岸互动中的政治分歧

从20世纪80年代末开始，两岸关系走上了实质性缓和的发展阶段。两岸民间交流日益频繁，两岸人员往来不断增加，两岸经贸关系越来越密切，

---

① "汪辜交换意见达成四点共识"，原载《人民日报》1998年10月16日。海峡两岸关系协会编：《两岸对话与谈判重要文献选编》，北京，九州出版社，2004年版，第427页。

然而，在热络的民间交流背后，始终潜藏着两岸政治分歧的阴影。两岸两会的事务性协商，从一开始就面对两岸政治分歧的冲突，其核心的原因是，台湾当局始终要求在两岸政治互动的过程中，进而在国际社会，确认其作为“主权独立国家”的政治地位。由于台湾长期维持着“国家体制”，既有“中央政府”、“宪法”和军队，也有部分国家给予它“外交承认”，台湾当局不仅不可能自我否定，而且进一步要求大陆承认“中华民国在台湾”及其在国际上的政治地位。因为两岸难以达成政治上的一致，使得90年代初期两岸两会的谈判和协议签署困难重重。即使1993年4月，汪辜在新加坡实现了历史性的会谈，台湾当局依然从自身的立场进行解读，李登辉就曾经表示：“本人认为这次会谈是成功的，而且由签署文件的方式，礼仪的安排，都显示了我们和中共的对等地位已是不容否认的事实。”①

在两岸两会协商的过程中，政治分歧往往成为达成协议的最大障碍。这迫使台湾当局不得不面对和研究相关的应对策略。在90年代初，台湾当局通过“国统纲领”和“国统会”对于“一个中国涵义”的解释，试图为两岸政治分歧寻找双方接受的政治框架。但是台湾当局也明确要求大陆在统一之前，承认“中华民国在台湾”的事实，并且不阻碍台湾当局“扩展国际空间”的行为。这是大陆难以接受的。而台湾当局深感在“一个中国原则”框架内的两岸互动对其不利，因为国际社会已经普遍认知“一个中国”就是“中华人民共和国”，于是逐渐背离“一个中国”的两岸关系框架。90年代中后期，大陆方面体会到两岸事务性谈判的障碍和症结在于政治分歧，希望通过推动政治商谈优先解决政治分歧。“既然两岸之间的分歧根本上是政治分歧，既然事务性问题讨论的实践也已证明争执的焦点是政治问题，那么，两岸就有必要进行政治商谈。如果两岸开始进行政治谈判，就会对恢复两会商谈、对推动解决两岸间的事务性问题产生积极影响。”② 然而，事与愿违，李登辉通过策划与抛出“两国论”，再一次使两岸两会商谈搁浅。

两岸政治分歧是国共内战历史遗留下来的政治难题，要破解这些政治难

---

① “李总统：辜汪会谈显示两岸对等地位事实已不容否认”，台湾《中国时报》1993年5月5日第2版。

② “唐树备在中国驻洛杉矶总领馆举办的招待会上的讲演（节录）”（1996年9月17日），海峡两岸关系协会编：《两岸对话与谈判重要文献选编》，北京，九州出版社，2004年版，第383页。

题并不容易。随着台湾社会政治的转型，“台独、分裂”思潮的泛滥，“台独、分裂”势力的扩张，政党政治的制约，社会多元化的发展，两岸政治分歧的解决面临更加复杂的岛内政治环境，也使得两岸统一的历史使命变得更加艰巨。

三、李登辉分裂主义路线在两岸关系政治定位中的表现

第一节　李登辉时期台湾当局对于两岸关系政治定位的演变

大陆政策是反映台湾当局政治路线的核心内容，两岸关系的政治定位是台湾当局大陆政策的基础。李登辉上台后，大陆政策进行了大幅度的调整，一方面，逐渐放弃了蒋经国坚持的“不接触、不妥协、不谈判”的三不政策，另一方面，寻求两岸“分裂分治”的合法化。尤其是，在李登辉当政的后期，分裂主义路线在大陆政策中的表现更加明显，政治上寻求“中华民国在台湾”的定位；经济上抛出“戒急用忍”的限制性措施；文化上出现了“去中国化”的倾向。1999 年 7 月，“两国论”的抛出是李登辉时期大陆政策的总结，也标志着李登辉分裂主义路线在大陆政策中的全面暴露。台湾当局的两岸政治定位从蒋氏父子时期至李登辉时期，总体上经历了三个阶段。

第一阶段，从 1949 年开始至 1991 年台湾当局结束“动员戡乱时期”止。蒋氏父子当政时期，台湾当局坚持海峡两岸同属一个国家的政治定位，坚持一个中国原则，坚守“中华民国法统”，主张“反共复国”的大陆政策。台湾当局在国际上坚持“汉贼不两立”的政策，把中共视为“窃据大陆”的“叛乱团体”。20 世纪 80 年代以前，海峡两岸虽然在军事上相互对抗，政治上相互对立，但是海峡两岸对于“都是中国人、同属一个中国、最终必将统一”的信念是相同的。1986 年 7 月 29 日，蒋经国在国民党“十二届三中全会”的开幕式上发表了题为《中国之统一与世界和平》的讲话，明确表示：“中国只有一个，中国必将统一。”1988 年 1 月蒋经国去世，李登辉继位。由于权力基础不稳，必须争取国民党传统政治力量的支持，因此，李登辉表态

延续蒋经国追求国家统一的政治路线。在80年代末和90年代初，由于国民党内非主流派对李登辉的政治立场疑虑重重，李登辉在党内压力下也曾经积极表态坚持“一个中国”，谋求国家统一，但是这段时期并不长，随着权力地位的稳固，李登辉开始调整两岸关系的政治定位。

第二阶段，从1991年台湾当局结束“动员戡乱体制”至1999年7月李登辉抛出“两国论”。1991年4月30日，李登辉宣布终止“动员戡乱时期”，废止“动员戡乱时期临时条款”，从5月1日零时起生效，台湾结束了长达40多年的“动员戡乱体制”。台湾当局放弃了“中华民国的法统”，不再把中共看作“叛乱团体”，承认中华人民共和国在大陆的合法统治权，不再坚持“中华民国统治全中国”。继而在大陆政策上采取了有限的缓和政策，在国际上则大肆推行“务实外交”政策。其间虽然台湾当局曾经抛出过“分裂分治”、“阶段性两个中国”、“一个分治的中国”、“中华民国在台湾”等论调，但对两岸关系的核心定位仍是“两个对等的政治实体”。由于政治实体的概念既可以指国家，也可以指地方政府、政党等等，使得台湾当局对两岸定位保持了一定的模糊性。这一时期李登辉有时还借助于“一个中国”的名词来掩盖推行“两个中国”的政策，正如台湾当局前“外交部长”钱复所指出的：“所谓分治事实上就是‘两个中国’，只是因为中共不能容忍，所以我们无法强调这点”①。

第三阶段，从1999年7月9日李登辉抛出“两国论”开始，被认为是台湾当局两岸定位的重大变化，从“两个对等的政治实体”走到“两个国家”。李登辉等人认为“政治实体”的概念在主权的意义上非常模糊，而且中共的“一个中国”说法普遍被国际社会接受，因此以“两个国家”的新定位对台湾的地位“作更清楚的陈述”，“让中华民国的法律地位在国际间得到更多的保障”，②“可以让国际社会更清楚了解中华民国作为一个主权国家的地位”。③ 因此，在临下台之际，李登辉抛出了“两国论”作为两岸关系的新

① 台湾《民生报》1994年12月29日报道。

② “林碧炤：从政治实体到两个国家，追求统一长远目标没变”，台湾《中国时报》1999年7月10日第2版。

③ “总统府官员：清楚定位有助加速两岸关系推展”，台湾《中国时报》1999年7月11日第3版。

定位，甚至准备进一步“修宪、修法”加以贯彻落实。虽然经过海内外中国人的谴责和斗争，台湾当局被迫承诺“不修宪、不修法”，但是“两国论”的抛出，给台湾社会和两岸关系都带来了深刻的影响。

（一）李登辉继位之初坚持“只有一个中国，我们必须要统一”

李登辉继位之初，蒋经国培养的国民党政治精英如俞国华、李焕、郝柏村、林洋港等人仍在台湾政坛上占据要津，对李登辉的权力和地位造成牵制。为了稳固个人的权力基础，李登辉表态坚持蒋经国主导的政治路线，一方面坚持“一个中国、中国必将统一”的主张，另一方面在具体的大陆政策上继续采取逐步开放的措施。“作为第一位台籍‘总统’，李登辉在继任之初，不仅继承了蒋经国的权力地位，也继承了蒋经国时期的内外政策，对于两岸关系定位问题，则沿袭了蒋经国的‘一个中国’主张。”① 1988 年 2 月 22 日，李登辉在继任后的第一次记者会中表示：“我们中华民国的国策，大家要了解，就是只有一个中国而没有两个中国的政策。只有一个中国，我们必须要统一。”② 1989 年 5 月，李登辉在答日本“读卖新闻”的书面访问中，也表示：“我们一贯主张中国应该统一，并坚持‘一个中国’的原则。”③

李登辉在当政初期，多次重申“坚持一个中国原则”，对于“一个中国原则”也有比较明确的认识，认为“台湾与大陆均是中国的领土”。1990 年 5 月 20 日，李登辉在连任“总统”的就职演说中表示：“台湾与大陆是中国不可分割的领土，所有中国人同为血脉相连的同胞。当此全人类都在祈求和平、谋求和解的时刻，所有中国人也应共谋以和平与民主的方式，达成国家统一的共同目标。”④ 1990 年 6 月 28 日，李登辉在“国是会议”开幕致词时表示：“中国统一则是所有中国人一致的愿望。……中国必须统一，也必将

① 王升：“李登辉关于两岸关系定位的主张之演变”，《台湾研究》1994 年第 3 期。

② 《统一是中国唯一的道路——李总统登辉先生言论选粹》，台湾当局“行政院新闻局”编印，1990 年版，第 43 页。

③ 《统一是中国唯一的道路——李总统登辉先生言论选粹》，台湾当局“行政院新闻局”编印，1990 年版，第 45 页。

④ 《开创未来——迈向中华民族的新时代》，台湾当局“行政院新闻局”辑印，1992 年版，第 7 页。

统一”。[①] 1990 年 10 月 10 日，李登辉发表的“双十祝词”中重申：“中国只有一个，应当统一，也必将统一。任何一个中国人都不能自外于统一的责任，也不应自外于统一的努力。”[②] 1991 年 2 月 23 日，台湾当局“国统会”通过了“国家统一纲领”，主张“大陆与台湾均是中国的领土，促成国家的统一，乃是中国人共同的责任”。1991 年 10 月，民进党全代会通过“台独党纲”，李登辉发表谈话指出：“中国只有一个。我们一切的努力，无不是在一个中国的前提下，以整个民族的前途与发展为着眼。”[③] 事实证明，李登辉在继位之初，不仅反复强调“只有一个中国”，而且坚持“中国必须统一”。1993 年 2 月，李登辉在接见民进党“立委”时，宣称自己“主张的是中华民国在台湾，始终没讲过一个中国”，这完全是信口开河、罔顾事实的做法。

李登辉继任初期的大陆政策迷惑了海内外的许多人，曾经使许多人相信他是一个具有民族意识、支持统一的爱国者。1990 年前后，时任台湾当局“行政院大陆工作会报执行秘书”的马英九曾经这样诠释李登辉的大陆政策：“大陆政策的最终目标是在自由、民主、均富的原则下完成中国统一，因此，大陆政策的本质就是国家统一政策。”“大陆政策只是手段，国家统一才是目的。”[④] 当然，李登辉继位不久，就已经开始推行所谓的“弹性外交”、“务实外交”，调整蒋氏父子时期“汉贼不两立”的政策，企图在国际社会达成“双重承认”和“双重代表权”的目标。1989 年 3 月，李登辉出访与台湾没有“邦交关系”的新加坡，新加坡称其为“台湾来的李总统”，李登辉表示“虽不满意，但可以接受”。1989 年 5 月，李登辉派遣“财政部长”郭婉容出席在北京举办的亚银年会，郭婉容在李登辉的授意下在会议开幕奏中华人民共和国国歌、升中华人民共和国国旗的仪式中起立。李登辉也逐渐开放海外“台独”分子与“台独”势力返回台湾，公开表示“不反对主张台湾独立的人”。李登辉还提出两岸以“政府对政府的对等地位”进行谈判的“一国两

---

① 《统一是中国唯一的道路——李总统登辉先生言论选粹》，台湾当局“行政院新闻局”编印，1990 年版，第 25 页。

② 《统一是中国唯一的道路——李总统登辉先生言论选粹》，台湾当局“行政院新闻局”编印，1990 年版，第 51 页。

③ “李总统：主张分裂国土、制造社会不安，应接受法律制裁”，台湾《中国时报》1991 年 10 月 16 日第 1 版。

④ 马英九：“两年来的大陆政策与两岸关系”，台湾《中央日报》1990 年 10 月 8 日。

府”模式进行试探。李登辉的这些做法也引起了外界的广泛质疑，怀疑李登辉推行“两个中国”政策，推行分裂主义的“独台”路线。这样的质疑也构成了国民党内非主流派反对李登辉的重要理由。虽然在90年代中期以前李登辉仍矢口否认外界的批评与质疑，但是90年代中期以后，李登辉的分裂主义言行不断地证实当初对于李登辉的批评和质疑是正确的。

（二）李登辉时期“一个中国、两个对等政治实体”的两岸关系定位

从1987年11月台湾当局开放民众赴大陆探亲开始，海峡两岸的民间交流逐渐增多，两岸交流所滋生的事务和纠纷也不断增加。1990年，为了应对日益增长的两岸民间关系，台湾行政部门明确提出较为中性的“一国两地区”的基本理念，即大陆地区与台湾地区，作为处理两岸人民间民事法律关系，解决两岸法律冲突的法理定位。此后，台湾当局“修宪”、制定“国统纲领”、制订“两岸人民关系条例”均依据“一国两区”的定位作为两岸关系定位的政治与法理基础。1991年2月，台湾当局在“国统纲领”中提出“在互惠中不否定对方为政治实体”的要求。1991年4月23日，李登辉在“修宪”结束后回答法国《国际政治》季刊书面访问时表示：“此次宪政改革系基于‘务实’的原则，也就是针对国家长期分裂的现实，在宪法上作适当的增修。承认国家分裂的现实，并不表示我们放弃统一的理想。”① 4月30日，李登辉召开记者会，宣告“动员戡乱时期”于1991年5月1日零时终止。李登辉在回答记者提问时表示：“在一个中国的原则下，海峡两岸应在交流互惠中，不否定对方为政治实体，故我们今后将视中共为控制大陆地区的政治实体，我们称它为大陆当局或中共当局。”② 通过内部的政治转型，台湾当局结束了“动员戡乱体制”，从法律上“承认国家分裂的现实”，把“互不承认”的两岸政治关系单方面调整为“互不否认”的两岸政治定位，并且要求大陆在国际上承认台湾当局的“对等政治实体”的地位。

台湾当局通过制订“国统纲领”和结束“动员戡乱时期”，逐渐形成了在李登辉时期占据主导地位的“一个中国、两个对等政治实体”的两岸关系

---

① 《开创未来——迈向中华民族的新时代》，台湾当局“行政院新闻局”辑印，1992年版，第46页。

② 《开创未来——迈向中华民族的新时代》，台湾当局“行政院新闻局”辑印，1992年版，第64页。

定位。台湾当局单方面调整两岸关系政治定位，甚至为“弹性外交”、“务实外交”制造法理基础的做法显然无法得到大陆方面的接受。1991年6月7日，国台办负责人发表谈话指出：“台湾当局仍然强调‘敌对意识’，这是很不合时宜的；他们还企图谋求海峡两岸互为对等的‘政治实体’，幻想‘和平转变大陆’，这是根本行不通的。”①

1. 在两岸谈判中要求大陆承认两岸“分裂分治”的现状。

90年代初期，两岸人员往来和经济、文化交流不断扩大，涉及两岸交流的事务性问题日益增多。面对两岸交流日益频繁，两岸事务不断增加的压力，台湾当局不得不彻底放弃“不接触、不谈判、不妥协”的“三不”政策，在1990年陆续成立了“国家统一委员会”、“大陆事务委员会”、“财团法人海峡交流基金会”作为系统的大陆工作体系。1991年底，大陆也成立了“海峡两岸关系协会”，作为受权从事两岸事务性商谈的民间机构。随着两岸两会商谈的展开，两岸关系定位问题日益成为谈判桌上的重要议题。

1992年3月，两岸两会展开“两岸文书查证使用”以及“间接挂号查询补偿问题”等第一阶段事务性协商的过程中，就是否在协议中列入“一个中国”原则的前提以及两岸政治定位等发生争议，为此，李登辉指示“国统会”研究“重新解释一个中国的涵义”。1992年8月1日，“国统会”经过讨论后，对于“一个中国”的涵义，作出了“一个中国，两个政治实体，分裂事实”的结论。虽然“国统会”的结论重申“海峡两岸均坚持‘一个中国’之原则，但双方所赋予之涵义有所不同”；并且坚持了“台湾固为中国之一部分，但大陆亦为中国之一部分”的立场。但是“国统会”的结论也更加突显两岸“分裂分治”的主张，认为：“民国38年（公元1949年）起，中国处于暂时分裂之状态，由两个政治实体，分治海峡两岸，乃为客观之事实，任何谋求统一之主张，不能忽视此一事实之存在。”② 在两岸两会的谈判过程中，台湾当局极力回避“一个中国原则”，强调“分裂分治”，要求大陆承认台湾的“对等政治实体”的地位，这使得两岸两会的事务性谈判困难重重，

① “中共中央授权台办负责人就海峡两岸关系与和平统一问题发表的谈话”，国台办研究局编《台湾问题文献资料选编》，人民出版社1994年版，第532页，原载《人民日报》1991年6月8日。

② “国统委员作成结论，确认一个中国两个政治实体”，台湾《中国时报》1992年8月2日第1版。

一波三折。

1994年7月底，在两会代表第五次后续事务性商谈前，台湾当局“陆委会”公布了“一个中国”政策说帖，认为台湾当局的“一个中国”政策，实为“承认分裂、推动交流、追求统一”的政策，台湾当局在说帖中表示：“‘一个中国’是海峡两岸所共同追求原则，但双方对其内涵的解释却有所不同。……我们认为，‘一个中国’应指1912年成立迄今的中华民国，其主权及于整个中国领土，但自1949年以后未能在中国大陆行使统治权。台湾固为中国之一部分，但大陆亦为中国之一部分，中国系处于暂时分裂之状态，由两个政治实体分治海峡两岸。”① 12月15日，李登辉又强调：“所谓‘一个中国’指的是未来统一后的中国，目前两岸是处于分裂分治的局面。”1995年4月，李登辉回应江泽民主席《为促进祖国统一大业的完成继续奋斗》的重要讲话，提出六条主张，其中表示：“在两岸分治的现实上追求中国统一。”虽然台湾当局多次重申坚持“一个中国”，表达“追求中国统一”的理念，但是始终强烈要求大陆承认海峡两岸的“分裂分治”现状，进而在国际上取得“平行代表权”、“双重承认”，这使得两岸之间的政治互信始终难以建立。

2. 要求大陆接受“中华民国在台湾”的事实。

1992年11月，两岸两会在协商过程中达成了各自以口头方式表述“海峡两岸均坚持一个中国原则”的共识。但是，从1992年底开始，李登辉似乎意识到如果只讲一个中国，对台湾不利，“很容易让人家误会，因为在国际社会上，一个中国指的是中共的‘中华人民共和国’。”李登辉开始否定自己讲过“一个中国”，要求大陆承认“中华民国在台湾”。1992年12月，李登辉在宴请“一级上将战略顾问”谈话中表示：“光简单地讲一个中国，就中了中共的圈套。”并且宣称：“先总统蒋公从来不说一个中国，他只说中华民国，……这是很了不起的。”② 1993年1月4日，李登辉在二届“国大”发表“国情报告”，提出：“我们认为，由于海峡两岸对‘一个中国’的含意

① 台湾《中央日报》1994年7月30日。

② “李总统：一中一台、台独都将沦为文字游戏”，台湾《中国时报》1992年12月16日第1版。

认知不同，目前存有两个对等的政治实体，暂处于分治状态，才有所谓‘统一’问题。任何无视此一现实的主张，均是不切实际的自欺之论。”① 1993年1月22日，李登辉发表除夕谈话，要求“中共以务实的态度，承认中华民国在台湾的历史与事实”。2月6日，李登辉约见民进党“立委”时宣称自己“始终没讲过一个中国”。由于李登辉开始在“坚持一个中国原则”的立场上转向，少数国民党“立委”如杨吉雄等人也公开鼓吹“两个中国”的主张。

1992年12月19日，台湾举行了第二届“立委”选举，结果在总共161席中，国民党遭到重挫，只获得96席；民进党获得50席，这是民进党建党以来前所未有的胜利。1993年2月初，反对“台独”立场坚定的国民党非主流派郝柏村率“内阁”总辞，李登辉任命连战担行“行政院长”。李登辉进一步巩固个人权力，全面掌控内外政策，非主流派对李登辉的牵制力量大幅减弱。李登辉更加有恃无恐地推行分裂主义的内外政策，在两岸政治定位中有意识地强调两岸“分裂分治”的现状，试图在两岸关系发展中迫使大陆接受“中华民国在台湾”的事实，进而图谋得到国际社会的承认，致使两岸关系中固有的政治分歧不仅未能化解，反而日益成为影响两岸关系发展的重要因素。1993年3月，李登辉在接受美国有线电视网（CNN）的专访时表示：“今天，中国不幸处于分裂状态，在中国大陆和台湾各存在一个政治实体，分别在中国的土地上行使有效的管辖权。我们希望透过交流的活动，使大陆当局，务实地认识、尊重中华民国在台湾的历史与现实。”② 4月8日，李登辉在会见民进党“国代”时虽然重申“台湾人是中国人，更是中华民族的一分子”，但是强调“最重要的一点，是中华民国在台湾存在与发展，是一项不争的事实”。③

1993年5月以后，台湾当局鼓吹以“一国两席”方式“重返联合国”，企图在国际上造成“两个中国”的分裂事实。8月6日，台湾当局策动中美洲7国向联合国秘书长提案，要求联合国设立“特别委员会”研究“台湾重

① “二届国大二次临会李总统国情报告全文”，台湾《中国时报》1993年1月5日第4版。

② “李总统：亚太地区可设没有假想敌集体安全体系”，台湾《中国时报》1993年4月1日第3版。

③ 台湾《中央日报》1993年4月9日。

返联合国”问题。9月22日，该案在联大总务委员会遭到否决。台湾当局第一次“重返联合国”的尝试失败后，李登辉宣称：“目前中国的分裂是一项事实，中华民国在台湾是一个政治实体，这更是一项不容否认的事实。”① 时任台湾当局“外交部长”的钱复也表示：“我们不能再谈一个中国，再谈一个中国会把自己箍住。”② 钱复的说法遭到新党“立委”郁慕明、国民党“立委”魏镛等人的质疑，认为台湾当局放弃“一个中国”的政策，国民党当权派的“台独”倾向越来越明显。其实钱复只是忠实传递了李登辉的意见。1993年10月1日，李登辉针对“一个中国”的争议发表意见，认为：“一个中国是我们追求的目标，但这是将来的，眼前我们必须了解、世人也必须承认，中国是处于分裂的，这是不容否认的事实，中华民国目前统辖台、澎、金、马，拥有绝对而完整的主权与治权”，“这就是为什么我说：中华民国在台湾的原因”。③ 至此，李登辉开始出现了将“一个中国”划分为过去、现在和未来三个阶段的定义，认为“一个中国是未来的目标”，现阶段是“分裂分治”。

3. 以“阶段性两个中国政策”进行分裂主义的试探。

1993年11月21日，在美国西雅图举办的亚太经济合作会议闭幕后的记者会中，时任“经济部长”的江丙坤在李登辉的授意下，代表台湾当局提出了“阶段性两个中国政策”。江丙坤在记者会中表示：“在统一条件未成熟前，政府将以务实态度，采取所谓以一个中国为指向的阶段性两个中国政策。”“我们在一个中国的原则下，主张分裂主权的两个国家并存，是以一个中国为指向的两个中国政策，台湾与中华人民共和国是两个主权互不隶属的国家。”“中华民国及中华人民共和国实为历史、地理或文化含义的一个‘中国’下，互不隶属的两个主权国家，乃不容任何人否认或能够忽视的事实。”④ 至此，李登辉主导下的台湾当局打着“一个中国”的幌子，推行“两个中国”和“一中一台”政策的企图公开暴露。江丙坤代表台湾当局抛出的

① “李总统：我将结合全民续推动参与联国”，台湾《中国时报》1993年9月24日第1版。

② 台湾《联合报》1993年9月25日。

③ 台湾《联合报》1993年10月2日。

④ “江丙坤：将采一个中国为指向的阶段性两个中国政策”，台湾《中国时报》1993年11月22日第1版。

“阶段性两个中国”的政策宣示反映了台湾当局在一个中国原则上日益动摇和不断退缩的趋势，流露出台湾当权者李登辉在统独立场上日益滑向“独台”与“台独”的分裂主义心态，引起了海内外中国人的高度警惕。1993年11月24日，原台湾当局“退辅会主委”许历农宣布退出国民党，加入新党。许历农抨击国民党“挂羊头卖狗肉”，已与主张“台独”的民进党合流。

4. “生为台湾人的悲哀”披露了李登辉的“台独”心迹。

一方面，由于台湾当局鼓吹两岸“分裂分治”得不到大陆的赞同，在“务实外交”的道路上不断受挫；另一方面，李登辉通过国民党“十四大”进一步巩固了个人权力，非主流派对李登辉的牵制力量日益削弱。1994年以后，李登辉开始在分裂主义路线上越走越远。1994年3月底，发生了千岛湖事件，岛内“台独、分裂”势力借机炒作，掀起了“反中反共”的狂潮。4月9日，李登辉借机肆意攻击、恶语中伤中国大陆，挑拨两岸人民的感情，他公开发表谈话，把“中共”比作“土匪”。他公然表示：“一大堆的恶势力，建立了一个党，土匪一样的，在大陆害了我们那么多同胞，这个叫做政府？这种政府，老百姓应该老早就不要它好了，……主权在人民，这一点我们不要放弃。”① 李登辉的恶意攻击使原本并不牢固的两岸政治互信雪上加霜，“主权在民”则成为李登辉进一步否定台湾隶属于中国主权的借口。4月18日，李登辉对民进党“国代”表示：“大家必须了解，主权在民的意义，中共对台湾不但未征收过一毛钱税捐，更是丝毫没有任何的贡献，谈不上对台湾的主权。”②

1994年4月，日本《朝日周刊》发表李登辉与日本作家司马辽太郎的对谈录“孤岛的痛苦——生为台湾人的悲哀”一文，此后在台湾媒体转载，引起海内外舆论的极大震动。该对话被认为是李登辉长期掩藏的分裂主义思想的大披露，李登辉身为中国人却质疑“‘中国’这个词也是含糊不清的”；身为国民党主席却认为国民党是“外来政权”；他还以《出埃及记》的摩西自况，要建立台湾人自己的国家，“基本的想法是必须是台湾人的东西”；他以“22岁以前是一个日本人”自居，却认为台湾“不教台湾的事而尽记些大陆

① “李总统：中共处理千岛湖事件像土匪一样”，台湾《中国时报》1994年4月10日第1版。

② “李总统：不能同意更改中华民国国号”，台湾《中国时报》1994年4月19日第1版。

的事，那是荒唐的教育”；他甚至指责“中国共产党把台湾省归为中华人民共和国的一个省份。这是奇怪的梦哩！”①

5. 鼓吹“主权在民”到“生命共同体”的发展目标。

李登辉在国民党内与非主流派之间展开权力角逐，通过高扬“台湾意识”使得非主流派日益在台湾政坛和台湾社会边缘化。但是李登辉在利用“台湾意识”进行权力斗争的同时，也加剧了外省族群的危机感，加深了海内外中国人对李登辉分裂主义路线的质疑。在李登辉的分裂主义心迹不断暴露之后，台湾社会省籍意识和国家认同的相互对立更加严峻。为了强化台湾人的所谓“国家意识”，李登辉一边鼓吹“主权在民”，一边又端出了“生命共同体”的概念，认为：“‘主权在民’与‘生命共同体’具有互为目的、交互发展的关系。而‘主权在民’是推动民主化的根据，凝聚‘生命共同体’则是我们推动民主化的目标。”②“我们由‘主权在民’到‘生命共同体’力量的发挥，最重要的就是不要分省籍、地域、党派，认清我们都是同在一条船上”。③ 1998 年底，李登辉为马英九参选台北市长助选的过程中提出“新台湾人主义”，作为所谓“生命共同体的身份认同”。他强调，“新台湾人主义”是“一项不分时间先后和土地区分的概念”，“‘新台湾人主义’可以当成国家认定和共识的开始。”④ 通过鼓吹“生命共同体”和“新台湾人主义”，李登辉试图缓和外省籍民众对他的疑虑，从心理上确立本省籍与外省籍民众对于“中华民国在台湾”的“主权独立国家地位”的认同。

然而，李登辉惯于玩弄两手策略的本质没有改变，有时他以“国家统一”来自我粉饰，有时他又强调“绝不承认一个中国政策”，在统派和“独派”面前阳奉阴违，要弄政治变脸的把戏。一方面，由于鼓吹“分裂”的荒谬言论遭到海内外中国人的严厉谴责，为了缓和岛内外舆论的压力，李登辉不得不重申“追求统一”和“反对台独”的立场。1994 年 7 月 1 日，李登辉在会见美国华人百人会代表的过程中特别重申：“国家统一是政府不变的目标与坚定的立场，但目前统一的时机并不成熟，而大家也要了解，中国目前

---

① 辛芳译：“李登辉与司马辽太郎对谈录”，《台湾研究论坛》试刊号，1994 年 7 月。

② “李登辉：大家都是中国人，都是台湾人”，台湾《中国时报》1994 年 6 月 10 日第 1 版。

③ 台湾《中央日报》1994 年 10 月 21 日。

④ 台湾《联合报》1998 年 12 月 9 日。

是属于分裂、分治的局势，这是一个不容否认的事实。因此，在这种状况下，中共应正视中华民国在台湾存在的事实，中华民国在台湾是不折不扣的政治实体，中共不应排挤、打压中华民国在国际社会活动的空间。”① 面对具有“反台独”传统的台军，李登辉高唱“反台独”的主张。10月20日，李登辉在台军“汉光11号”演习检讨会上发表谈话，宣称：“我们坚持‘反台独’立场，也就是坚持‘统一中国’的目标。……台湾与大陆深厚的血缘、地缘、文化关系，是任何人所不能否定的。因此，对中国的未来，我们决不置身事外；对中国的统一，我们更是责无旁贷。任何逃避此一时代使命者，都将是自绝于历史文化的罪人。”② 他还表示：“‘台湾独立’是一种自我孤立的主张，是不切实际的；而追求国家统一的目标，不仅符合在台澎金马2100万人的利益，也符合所有海内外中国人的长远利益。”③

另一方面，在“独派”政治力量面前依然强调“绝不承认一个中国”的政策。1994年8月9日，李登辉会见“独派”的“世台会”代表，迅速换了一副嘴脸表示：“在国家未统一之前，没有‘一个中国’；因为中国现在是处于分裂、分治的状态。”④

6. “台海两岸关系说明书”：要求大陆承认两岸“在国际间为并存之两个国际法人的事实”。

1994年7月4日至5日，台湾当局“行政院”在台北国际会议中心举办“1994年大陆工作会议”，5日公布了“台海两岸关系说明书”。“台海两岸关系说明书”是针对1993年8月中国政府发表的《台湾问题与中国的统一》白皮书所作的回应，也是为“参与联合国”所作的国际性宣传。台湾当局虽然在说明书中仍重申“国统纲领”提出的“一个中国、两个对等政治实体”作为两岸关系定位的架构，并且认为“传统观念的中国现已分裂成两个政治实体，即实行社会主义制度的大陆地区，以及实行民主自由体制的台湾地区”，而“所谓‘政治实体’一词其含义相当广泛，可以指一个国家、一个政府或一个政治组织。”但是，由于台湾当局在说明书中明确表示“不接受

① 台湾《青年日报》1994年7月2日。

② 台湾《中央日报》1994年10月21日。

③ “李登辉：台独是自我孤立，不切实际”，台湾《中国时报》1994年10月29日第1版。

④ “李总统：我们的名称相当明确，就是中华民国”，《中国时报》1994年8月10日第2版。

‘一国两制’的主张”，强调“两者既处于分治局面，理应各自有平行参与国际社会的权利”，“双方应充分体认各自享有统治权，以及在国际间为并存之两个国际法人的事实”。[①] 这使得海内外的舆论极度怀疑台湾当局追求国家统一的诚意，大陆学者就指出：“台当局抛出的‘台海两岸关系说明书’，是地地道道的假统一，真分裂。”[②]

7. 提出“一个分治的中国”取代“一个中国”。

1995 年 6 月，李登辉不顾中国政府的反对，到美国访问，并且肆意鼓吹“中华民国在台湾”，破坏了两岸两会商谈的政治气氛。1995 年 6 月 16 日，海协会去函海基会，被迫中止两岸两会的商谈。此后海协会负责人多次重申，希望台湾方面真正回到“一个中国”的立场上来，不要在国际上搞“两个中国”、“一中一台”。同时，大陆方面提出，由于两岸之间的分歧根本上是政治分歧，事务性问题讨论的焦点也是政治问题，因此，两岸有必要进行政治商谈。

然而，台湾当局虽然表面上希望缓和两岸关系，尽快恢复两岸两会协商，却不愿接受两岸两会的谈判以“一个中国”为前提，更不愿意触及政治问题，要求在不预设前提的条件下恢复两会协商。海基会董事长辜振甫多次公开表示：“‘一个中国’应当作为两岸会谈的议题，而不是前提。”

在大陆推动两岸政治商谈的压力下，台湾当局试图对“一个中国”进行重新定义。1996 年 5 月 17 日，李登辉在接受美国有线电视新闻网（CNN）记者专访时表示：“中国是一个分裂、分治的国家。”“如有‘一个中国’，我们认为是统一以后才有一个中国。没有统一，这里就没有这种所谓的‘一个中国’。”[③] 1996 年 12 月 5 日，台湾当局“行政院长”萧万长首先提出“一个分治的中国”的说法。1997 年 2 月 22 日，台湾当局“行政院新闻局”发布“透视‘一个中国’问题说帖”，认为：“‘一个中国’的说法已经暗示，中国目前并未统一。中国如果已经统一，根本就不会有‘一个中国’的问

① “‘台海两岸关系说明书’全文”，台湾《中国时报》1994 年 7 月 6 日第 2、10 版。

② 余克礼：“从‘台海两岸关系说明书’看台当局大陆政策的本质特征”，《台湾研究》1994 年第 4 期。

③ “李总统：中华民国已存在这么久，没必要再宣布独立”，台湾《中国时报》1996 年 5 月 18 日第 2 版。

题”；“说‘一个中国’，正是因为中国现在不是一个”；“与其去说‘一个中国’，不如说‘一个分治的中国’”。① 1998 年 7 月 17 日，李登辉在“国统会”研究委员会议上发表讲话，表示：“未来中国只有一个，但现在是‘一个分治’的中国。”

台湾当局虽然口口声声说“在不预设前提的条件下恢复两会协商”，但却要求大陆承认“两岸分裂分治”现状，承认所谓“中华民国在台湾”的事实。李登辉公开表示：“只要中共承认中华民国的存在，并且认同自由民主均富的社会，两岸马上可以谈判。”他还狂妄地以闽南话叫嚣：“不要怕啦，中共有多大？再大也没有阮老爸（爸爸）大，大有什么用？头脑空空啦！”②由于李登辉主政期间，耍弄两面手法，两岸政治互信始终未能建立，两岸两会的接触、对话和协商也在时断时续、波折起伏、相互斗争的过程中发展。

第二节　李登辉抛出“两国论”的背景及其影响

1999 年 7 月 9 日，李登辉接受德国的一家广播公司——“德国之声”专访，提出“两国论”。李登辉公然表示：“1991 年修宪以来，已将两岸关系定位在国家与国家，至少是特殊的国与国的关系，而非一合法政府，一叛乱团体，或一中央政府，一地方政府的‘一个中国’的内部关系”。③ 同一天，李登辉在会见世界归正教会联盟代表时也表示：“中华民国在台湾与中华人民共和国是两个对等的国家，中共从来无法有效统治台湾，因此中共所谓的‘一个中国’并不包括台湾。”④ 李登辉以“两国论”来重新定位两岸关系，否定一个中国原则，破坏了两岸关系的政治基础，在分裂中国的道路上走出了危险的一大步，遭到海内外中国人的强烈反对与谴责。

（一）“两国论”的实质：否定“一个中国原则”

一个中国原则是两岸关系定位的政治与法律基础，坚持一个中国原则，

① 台湾《中央日报》1997 年 2 月 23 日。

② “中共再大也不会比我老爸大”，台湾《中国时报》1997 年 9 月 17 日第 2 版。

③ “李总统：两岸问题不在统独而在制度”，台湾《中央日报》1999 年 7 月 10 日第 3 版。

④ “李总统：两岸是特殊的国与国关系”，台湾《中国时报》1999 年 7 月 10 日第 1 版。

两岸关系就能得到稳定与顺利的发展；偏离、抛弃和否定一个中国原则，两岸关系的正常发展就会受到阻碍。李登辉在临近下台之际抛出“两国论”或“特殊的国与国关系论”，是李登辉长期以来在岛内推行分裂主义路线的产物，其实质是妄图把台湾从中国分割出去，其要害是否定一个中国原则。时任台湾当局“总统府副秘书长”的林碧炤证实：“两岸定位已有重大变化，从‘两个对等的政治实体’走到‘两个国家’”。他还进一步对李登辉的“两国论”作了四点说明，其中表示：“我国自 1991 年终止动员戡乱时期，进行修宪，使中华民国宪法有效范围仅及于台澎金马，这是个法律事实的陈述。”①

长期以来，一个中国是海峡两岸中国人的共同主张，1992 年海协会和海基会就“坚持一个中国原则”达成了共识，成为维系两岸和平与合作的政治与法律基础。只有牢牢地坚持一个中国原则，才能确保两岸关系的顺利发展，才能确保祖国统一的最终实现。一个中国原则也是从新中国第一代领导人开始所确立和坚持的发展两岸关系、促进祖国统一的基本原则。早在 1958 年 10 月，毛泽东主席就向台湾当局公开指出：“世界上只有一个中国，没有两个中国。这一点，也是你们同意的，见之于你们领导人的文告。”邓小平同志也提出，只有一个中国，台湾是中国的一部分。在促进祖国统一的八项主张中，江泽民同志提出，坚持一个中国原则，是实现和平统一的基础和前提。一个中国原则是中国政府对台政策的核心，也是国际社会普遍接受的准则。坚持一个中国原则是反对“台独”、反对分裂、反对“一中一台”、反对“两个中国”等分裂主义路线的基本要求。

一个中国原则既是两岸和平统一的基础，也是两岸政治谈判的前提。1999 年 7 月 10 日，海基会董事长辜振甫在接受记者访问时表示：“政治实体就是国家，两岸会商就是国与国的对谈。”② 这完全是要打破两岸两会谈判的政治基础，把 1992 年两岸两会达成的各自以口头方式表述“海峡两岸均坚持一个中国原则”的共识全面推翻。7 月 12 日，时任“陆委会主委”的苏起

---

① “林碧炤：从政治实体到两个国家，追求统一长远目标没变”，台湾《中国时报》1999 年 7 月 10 日第 2 版。

② “辜振甫：两岸新定位不影响辜汪会”，台湾《中国时报》1999 年 7 月 11 日第 3 版。

表示："我们要打破一个中国的迷思，我们不会再用政治实体字眼，我们要清楚的、对等的两岸关系定位，让世界看清两岸的现实。"①

李登辉提出"两国论"后立即遭到大陆舆论的坚决反对和批判。7月11日，中共中央台办、国务院台办发言人就李登辉分裂言论发表谈话，指出：李登辉公然将两岸关系歪曲为"国与国的关系"，再一次暴露了他一贯蓄意分裂中国的领土和主权、妄图把台湾从中国分割出去的政治本质，与"台独"分裂势力的主张沆瀣一气，在分裂祖国的道路上越走越远。并且严正警告台湾分裂势力，立即悬崖勒马，放弃玩火行动，停止一切分裂活动。②

7月12日，海协会汪道涵会长接受新华社记者采访，针对台湾当局、特别是辜振甫的谈话，明确表示，这使海协会与海基会的接触、交流、对话的基础不复存在，要求辜振甫予以澄清。③ 此后，外交部、新华社、《人民日报》、《解放军报》都纷纷批判李登辉的分裂言论，揭露李登辉上台以来的分裂活动和分裂本质。

7月15日，中共中央台办、国务院台办陈云林主任在中国和平统一促进会第六届理事大会上，强烈抨击李登辉把两岸关系定位为"国与国的关系"。他指出，李登辉的所谓"两国论"实际上已使两岸沟通、交流、对话和谈判的基础不复存在。这就从根本上违背了台湾同胞求和平、求安定、求发展的愿望。这种倒行逆施的做法不得人心。④ 7月18日晚，国家主席江泽民同美国总统克林顿通了电话。克林顿重申了美国政府对一个中国政策的坚定承诺。江泽民指出：最近，李登辉公然将两岸关系说成是"国与国关系"，这是他在分裂国家的道路上走出的十分危险的一步，是对国际社会公认的一个中国原则的严重挑衅，进一步暴露了他蓄意分裂中国领土和主权，企图把台湾从中国分裂出去的本质。⑤

---

① "苏起：两国论系要建立更有效处理机制"，台湾《中国时报》1999年7月13日第2版。

② "中共中央台办、国务院台办发言人就李登辉分裂中国言论发表谈话"，《人民日报》1999年7月12日。

③ "汪道涵希望辜振甫就两岸会谈是'国与国会谈'说法予以澄清"，《人民日报》1999年7月13日。

④ "陈云林强烈抨击李登辉'两国论'"，《人民日报》1999年7月16日。

⑤ "江泽民与美国总统克林顿通话重申中国政府在台湾问题上的严正立场"，《人民日报》1999年7月19日。

“两国论”的提出表明李登辉主政下的台湾当局彻底抛弃了原有的两岸政治定位中的模糊空间，完全否定了台湾当局“宪法”和法律体系中仍旧存有的“一个中国”的政治架构。台湾学者邵宗海认为：“他的‘两个中国’论点，实际上已将国统纲领、1992年国统会的‘一个中国意涵’、1994年的‘海峡两岸关系说明书’以及1997年新闻局‘一个分治的中国’说帖等等大陆政策重要政策依据全数推翻。”甚至还涉及进一步“修宪”和修法的必要。[①] 李登辉“两国论”的提出标志着台湾当局在两岸关系政治定位上发生了实质性的变化，严重危害了两岸关系的稳定，也给李登辉当政时期的政治路线打上了无法消除的分裂主义政治烙印。李登辉本人也因为提出“两国论”而被钉在了分裂国家、危害民族的历史耻辱柱上，留下了千古骂名。

（二）“两国论”出炉的背景

“两国论”是李登辉执政时期分裂主义路线的总结。20世纪90年代末期，随着港澳回归祖国怀抱，“一国两制”在国内和国际的社会影响日益扩大；1998年10月汪辜二度会晤，两岸政治谈判摆上了议事日程，这些都对台湾当局形成政治上的压力。再加上李登辉即将卸任，为了延续其分裂主义路线的影响，主导选举议题，李登辉孤注一掷，在下台之际抛出了遗臭万年的“两国论”。

1. 李登辉抛出“两国论”是台湾当局长期以来推行分裂主义路线的产物。

20世纪90年代以来，随着岛内外政治环境的改变，李登辉的分裂主义路线逐步暴露，台湾当局在大陆政策上力图重新定位两岸关系，先后提出了“一国两府”、“一个中国、两个对等政治实体”、“以一个中国为指向的阶段性两个中国”、“一个分治的中国”等等主张。要求确认“分裂分治”现实；企图确立“两岸对等”、“台湾主权独立”的政治地位；在国际社会谋求“双重承认”、“平行代表权”。目的就是否定“一个中国”原则，造成在国际社会的“两个中国”、“一中一台”的政治与法律局面。

1996年12月，李登辉的女婿赖国洲在第四次“修宪”前召开的“国发会”上提出过“准国际关系”的两岸关系定位，当时，新党提出把两岸关系

① 邵宗海：“两国关系论点重启统独争议”，台湾《中国时报》1999年7月11日第15版。

定位为“特殊的国内关系”，民进党提出把两岸关系定位为“国际关系”。这是李登辉企图改变两岸关系定位的一次试探，由于台湾各政党未能取得共识而被忽视。1999 年 5 月份李登辉出版的《台湾的主张》一书，对抛出“两国论”有所预告。李登辉在该书中提出“七块论”，要把中国分为台湾、西藏、新疆、蒙古、东北等七块，他还在书中表示：“我希望在卸下总统职务之前，能集国际法学者之力，就台湾的国家定位问题，提出更完整的解释。”① 结果不到两个月，李登辉就抛出了“两国论”。这说明李登辉以“特殊的国与国关系”定位两岸关系的论点蓄谋已久，而不是临时起意。

李登辉提出“两国论”不仅不是临时起意，而且是秘密研究了一年多。早在 1998 年辜振甫即将访问大陆之前，面对两岸政治谈判、美国学者提出“中程协议”、港澳回归大陆的多重压力，李登辉的部分幕僚就提出重新检讨“一个中国”及“两岸是对等政治实体”的主张。李登辉就指示成立“强化中华民国主权国家地位专案小组”，积极研究这个问题。1998 年 8 月，“强化中华民国主权国家地位专案小组”成立，“由蔡英文召集多位极为年轻的法政学者参与研究，并由当时的国安会两位咨询委员张荣丰、陈必照与总统府副秘书长林碧炤担任小组顾问”②。苏起回忆：“两国论的起源是在 1998 年 8 月，总统府成立了‘强化中华民国主权国家地位小组’置于国安会中，邀请十余位年轻法政学者参与。殷宗文接掌国安会秘书长后，成为小组的主持人，总统府副秘书长林碧炤担任小组与府内的窗口，实际主持‘操盘’的是蔡英文与张荣丰，蔡英文负责学理方面，曾为此走访国外实地研究，张荣丰负责协调联系。”③ 1999 年 5 月，“强化中华民国主权国家地位专案小组”完成了研究报告，建议以“国家与国家”来重新定位两岸关系，作为两岸政治谈判的基础，也作为台湾当局分阶段“修宪”、修法和废除“国统纲领”的理论基础。7 月 9 日，“德国之音”访问李登辉，于是李登辉迫不及待地抛出了“两国论”的分裂主义主张。当时，台湾“国民大会”正在进行第五次

---

① 李登辉著：《台湾的主张》，台北市·远流出版事业股份有限公司，第 240 页。

② 李登辉唯一受访，邹景雯采访记录：《李登辉执政告白实录》，台北市·印刻出版有限公司，2001 年版，第 223 页。

③ 陆铿、马西屏采访记录：《别闹了，登辉先生》，台北市·天下远见出版股份有限公司，2001 年版，第 174 页。

“修宪”，“两国论”出炉后，台湾各种政治势力纷纷要求依据“两国论”的定位重新修改“宪法”。

2.“两国论”的提出也是岛内政党政治演变与权力斗争的后果。

1996年12月，在台湾当局为准备第四次“修宪”召集的“国家发展会议”中，台湾各党派针对两岸关系的定位就提出了五种观点，其中包括“国内关系”、“国际关系”、“国内关系中的特别关系”、“国际关系中的特别关系”及“准国际关系”五大类。民进党及“建国党”等主张“台湾是台湾，中国是中国”，两岸关系是“国际关系”；新党倾向于把两岸关系定位在“国内关系中的特别关系”；而“准国际关系”的观点是李登辉的女婿、时任新闻评议会秘书长的赖国洲提出的对于两岸关系的定位。由于岛内各党派的统独立场不同，1996年底“国发会”并未就两岸关系的定位达成共识和结论。

1997年台湾当局完成第四次“修宪”后，国民党因“冻省”的推行导致党内分裂，冲击了2000年“总统”选举的选情，从而引发执政危机。1997年底的县市长选举中，民进党得票率（43.32%）第一次超过国民党得票率（42.12%），民进党执政县市的数目和人口都超过了国民党。国民党和民进党处于政权争夺战的关键时期，国、民两党为了吸引并稳定中间票源，从政党理念、政党体制到政党行为都进行了转型，国、民两党争相走一条中间路线。1999年5月民进党的“全代会”通过“台湾前途决议文”，公开承认“中华民国”的“国号”，提出：“台湾，固然依目前宪法称为中华民国，但与中华人民共和国互不隶属。”① 李登辉抛出“两国论”后，8月29日，国民党的党代会也把李登辉提出的“两国论”写入政治决议文，决议文中提出“以特殊的国与国关系明确定位两岸关系”②。台湾朝野两党国民党与民进党的国家认同即统独立场本质上已经合流，在两岸关系政治定位的立场上取得一致，为“两国论”在岛内的贯彻执行奠定了政治与社会基础。

李登辉在即将卸任之际，一意孤行抛出世人唾弃的“两国论”，其实也有延续个人政治生命的考虑。李登辉对连战、宋楚瑜都不放心，希望通过“两国论”迫使参与角逐2000年台湾地区领导人选举的各方表态，为2000

① “民进党台湾前途决议文”，台湾《联合报》1999年5月9日第4版。

② “十五全‘特殊国与国关系’纳入决议文”，台湾《中国时报》1999年8月30日第2版。

年台湾地区领导人选举定调，为2000年以后的台湾预设分裂主义的政治路线。正如前民进党“立委”林浊水所指出的：“做为第一个台湾总统，李登辉虽然具有强烈使命感，但是国民党领导人的角色限制，让他在突破国家定位上，仍然整整受了十年的约制。然而，随着卸任在即，李登辉的时不我予感渐强，国民党内不管是连战或是宋楚瑜，面对中共的态度都是不如李自己坚定，在国家定位上更没有李的魄力。因此，在任期届满时日不多的压力下，与对其后继者不放心的焦虑下，台湾国家定位的确立，成了他最迫切的使命，李以国家间关系定位两岸关系，是国民党迈入第三阶段的策略运用。”①

3．李登辉提出“两国论”的目的是蓄意破坏汪辜会谈的良好氛围。

由于1995年李登辉访美，恶化了两岸关系的气氛，致使两岸两会的接触、对话与谈判被迫中止。1998年两岸关系开始回温，大陆提出以政治谈判来促进两岸关系的发展，推动两岸和平统一的进程。两岸的政治谈判计划分三步走：第一步是政治对话，1998年9月海基会董事长辜振甫访问大陆，拉开了两岸政治对话的序幕；第二步是政治谈判的程序性安排，两岸两会就政治谈判的议题进行程序上的磋商；第三步才开始正式的政治谈判。1999年3月18日，两会副秘书长在台北确定汪道涵会长当年秋天访台；6月28日，两会副秘书长在北京原则确定了汪道涵访台的行程路线、停留时间及政治对话安排。

两岸政治对话、谈判的目的是实现两岸的最终统一，因此必须坚持一个中国原则。然而，台湾当局反对“一国两制”，不愿意成为地方政府，坚持要与大陆“对等”，所以并不想和大陆进行政治谈判，甚至连进行政治对话都不愿意。但是台湾当局又面临美国学者和官员提出的“中程协议”或“临时协议”的压力，因此，1999年7月9日，李登辉在海协会会长汪道涵准备到台湾参访之前，单方面宣布把两岸关系定位成“特殊的国与国关系”。紧接着7月10日，海基会董事长辜振甫随声附和，发表了“两岸会商就是国与国对谈”的谬论。7月12日，台湾当局“陆委会主委”苏起发表谈话，强调“要打破一个中国的迷思”，认为：“中华民国与中华人民共和国分别统治

① 林浊水：“突破国家定位 李登辉有急迫感”，台湾《中国时报》1999年7月11日第15版。

台湾与大陆两地，这已是不争的政治现实与法律现实”①。可见，“两国论”的核心就是要重新定位两岸关系，要摆脱“一个中国”原则，要以“两国论”作为两岸政治谈判的基础。7月25日，连战在接受美国时代杂志专访时解释李登辉“两国论”的提出：“是因为汪道涵即将来访，加上美国期待两岸进行政治谈判，因此我们有必要厘清两岸定位。”② 然而，“两国论”否定“一个中国原则”，使得两岸两会接触、交流、对话的政治基础遭到彻底破坏，也使得汪辜会谈的氛围受到严重的毁损。

（三）围绕“两国论”的政治斗争

台湾当局提出“两国论”后，不仅遭到大陆的谴责和批判，也没有得到国际社会的支持。美国政府不仅重申坚持“一个中国的立场”，而且在联合国大会总务委员会发言表示不支持台湾加入联合国。台湾当局受到大陆方面的压力，也受到美国的压力，不得不表示“不修宪、不修法”的立场，使台湾当局对两岸关系的定位呈现出政治与法律相异的双重性。

1. 李登辉的“两国论”遭到海内外中国人的共同谴责和批判。

李登辉的“两国论”提出后，遭到海内外中国人的共同谴责和批判。祖国大陆各民主党派、人民团体和各界人士纷纷发表声明和评论，谴责李登辉违背“一个中国原则”的分裂言行；广大的海外华侨华人、港澳同胞等怀着深厚的爱国主义情感，也纷纷以各种形式深入揭批李登辉的分裂言行。

面对岛内分裂主义的猖獗行径，中国人民解放军也表达了时刻准备捍卫祖国的主权和领土完整，坚决粉碎任何分裂祖国的图谋的坚强决心。1999年8月至9月，中国人民解放军举行了不同规模的具有针对性的导弹试验、反潜演习、集结演练等。9月中旬，南京战区和广州战区在浙东、粤南沿海举行了大规模的渡海登陆作战演习。

李登辉的“两国论”提出后，在岛内得到民进党、“建国党”、“台湾教授协会”等“独派”团体的支持。但是台湾大部分民众对于李登辉破坏两岸关系发展和稳定的做法表示反对。1999年7月18日，台湾100多位教授，

---

① “苏起：两国论系要建立更有效处理机制”，台湾《中国时报》1999年7月13日第2版。

② “连战：李总统两国论厘清两岸定位 推动政治对话”，台湾《中国时报》1999年7月26日第3版。

包括魏镛、张麟徵、江炳伦、吕亚力、边裕渊、邵宗海、朱炎等交大、台大、政大等高校的学者发表连署声明。他们批评李登辉的“两国论”决策内涵违背“宪法”、法律及其就职声明，呼吁李登辉及“行政院长”萧万长应立即停止推动“两国论”，“立即停止对‘特殊国与国关系’作扩张性解释，不对宪法、法律及国统纲领作任何修订或更改。”① 7月24日，新党在台北市发起“和平反战大游行”，表达“向李登辉两国论说不”的立场；游行群众高呼“打倒李登辉”的口号，强烈反对李登辉的“两国论”。

李登辉一意孤行的做法也暴露出了台湾当局内部对于政治路线主张的深刻矛盾。继辜振甫发表谈话后，1999年8月1日，“陆委会”发表题为“对等、和平与双赢——中华民国对‘特殊的国与国关系’的立场”的说贴，提出“两岸应该回到‘一个中国，各自表述’的共识”，认为“特殊的国与国关系”是“陈述现状，不是改变现状；追求和平，不是制造麻烦”，“政策未变，自不存在所谓修宪、修法、修改国统纲领的问题，更谈不上是改变现状或制造麻烦。”② 对于苏起主导的“回到‘一中各表’”、“不修宪、不修法”的论述，李登辉并不满意，认为“将解释空间更为压缩”，因此，“下令政府‘说贴’该到此为止，要求一切回归李登辉的原始讲话”，并且认为“政务官在关键时刻的胆识与判断如此，李登辉则相当忧心”。③ 8月29日，国民党“十五全”将“特殊的国与国关系”写入决议文，引起国民党中评委张鸿学、梁肃戎等人的质疑，认为“两国论”违反“宪法”和国民党党纪，使两岸关系中断，绝对是错误的论点。

2. 李登辉的“两国论”遭到国际社会的普遍反对。

20世纪90年代中期以来，美日加强安全保障合作，结成了一个潜在的针对中国在内的军事同盟，日本还把台湾及台湾海峡划入“周边事态”的周边范围内，介入中国的内政问题，客观上刺激了岛内分裂主义的发展。美日在东亚地区合作建构战区导弹防御系统，企图把日本、韩国、台湾都纳入美

① “逾百学者吁停止推动两国论”，台湾《中国时报》1999年7月19日第2版。

② “对等、和平与双赢——中华民国对‘特殊的国与国关系’的立场”，台湾《联合报》1999年8月2日第13版。

③ 李登辉唯一受访，邹景雯采访记录：《李登辉执政告白实录》，台北市·印刻出版有限公司，2001年版，第223页。

国反导弹系统的保护之下。台湾当局急于加入美日主导的战区导弹防御系统，李登辉多次指示台湾军方要研究，要积极参加。1999年5月发生了北约空袭科索沃过程中美国空军轰炸中国驻南使馆的事件，中美关系恶化，岛内分裂主义势力得到鼓舞。正是在这样的国际背景下，李登辉以为有机可趁，企图浑水摸鱼，急切地抛出了“两国论”，试图让美国和国际社会接受他的“两个国家”的政治定位。1999年8月12日，台湾当局策动中美洲等地区的13个小国向联合国秘书处提出入会案，提出“中华民国在台湾，中华人民共和国在大陆”的“两个中国”的论调，实际上就是想把“两国论”推向国际社会，把台湾问题国际化。但是一个中国依然是国际社会的普遍共识，李登辉的“两国论”不仅得不到国际社会的支持，而且还遭到国际社会的普遍反对。

李登辉抛出“两国论”后，立即遭到中国政府和中国人民的坚决反对，指出李登辉是在“玩火”。美国也体会到问题的严重性，很快作出了反应。首先，7月14日，美国国务院发言人鲁宾表示美国坚持“一个中国”的政策，“三不”政策；其次，7月18日，美国总统克林顿与中国国家主席江泽民通电话，重申美国坚持“一个中国的立场”，并且强调美国在台湾问题上的政策没有改变；接着，美国还同时向北京派出特使助理国务卿陆士达和国家安全亚太政策资深主任李侃如，向台北派出特使美国在台协会理事主席卜睿哲，了解双方的立场，表明美国的政策，要求双方克制。8月2日至3日，由于海峡两岸的战斗机在台湾海峡上空频繁活动，美国担心双方擦枪走火，48小时内连续六次照会两岸政府，要求双方克制，避免发生任何冲突。9月11日，江泽民主席与克林顿总统会见，克林顿总统明确表示李登辉所发表的“特殊国与国关系”言论，“对中国和美国都制造了很多麻烦”。可见，李登辉已经被公认为是中美关系与国际社会的麻烦制造者。

中美关系的核心问题是台湾问题，台湾问题始终是中美关系中最重要、最敏感的问题，处理不好会引起中美之间的直接对抗和冲突。这一点美国行政机构认识比较清楚，所以美国特使卜睿哲到台湾以后，当即发表声明，强调一个中国原则是美国政策的基石。7月21日，克林顿也重申美国对两岸关系的三个“支柱”：一个中国政策、两岸对话、和平解决歧见，甚至还提到香港模式也可以成为借鉴。美国一些学者也头脑比较清醒，称李登辉是“不可预测的政客”、“麻烦制造者”等。7月15日，《纽约时报》还发表社论，要求李登辉放弃“两国论”的主张。但是美国国会、军界、情报界有一部分反华势力支持李登辉的分裂主义路线。7月16日，美国参议院外交委员会主席赫尔姆斯就跳出来表示“完全支持李登辉的特殊两国论”。8月初赫尔姆斯还提出所谓的“台湾安全加强法案”，第一要增加对台军售；第二要建立台北与美军太平洋指挥部之间的热线电话；第三要提供台湾战区导弹防御设备和系统。8月初美国国防部宣布了大约5．5亿美元的对台军售项目，包括F16战斗机的零件和两架E-2T预警机。可见，美国在台湾问题上有意识地操作两手策略，对华政策具有双重性，既有接触的一面，也有遏制的一面。

继美国政府作出明确的表态之后，世界上有100多个国家相继表示坚持“一个中国”原则，包括日本、欧盟、东南亚等一些国家和地区均重申遵循一个中国原则；俄罗斯重申对台“四不”政策等等。

3. 在政治上，台湾当局一方面找理由解释，另一方面又不断继续放话，坚持不收回“两国论”的立场。

面对大陆可能的反应，台湾当局一方面在军事上准备应变方案，另一方面加强对国际社会的宣传攻势。7月13日，台湾当局“国防部”成立所谓“永安专案小组”，宣称准备了13套完整的应变方案。7月15日，李登辉指示台湾当局相关部门向国际社会说明两岸新定位，除了强调大陆政策没有任何变化外，也要特别说明“两国论”的持续性、务实性及开放性。“持续性，是指我大陆政策一贯而持续，推动两岸交流对话的立场并无改变。务实性，是指‘两国论’只是务实地面对两岸的现实状况。开创性，是指大陆如有务实回应，两岸即可步上政治谈判的道路，两岸关系的范围将因此而更加广大。”①

7月20日，中台办、国台办负责人发表谈话指出，台湾分裂势力正企图按照“两国论”修改台湾地区所谓“宪法”和“法律”，以所谓“中华民国”的名义实现“台湾独立”。这是一个更加严重和危险的分裂步骤，是对和平统一的极大挑衅。如果这一图谋得逞，中国和平统一将变得不可能。为了缓和大陆和国际社会对李登辉“两国论”的压力，台湾当局不得不承诺“不存

① “李登辉下指令向国际阐释两国论务实性”，台湾《中国时报》1999年7月16日第2版。

在所谓修宪、修法、修改国统纲领的问题”，并且从多方面进行辩解。

（1）认为“特殊国与国关系”是为了两岸谈判作准备，是要求“对等”，是要维护“中华民国的国家主权地位”，并非“台湾共和国”，与“台独”不同，不是要搞“台独”。1999年7月23日，李登辉会见美国在台协会理事主席卜睿哲时表示：“我是坚决反对台独的。”① 同一天，连战会见卜睿哲时也表示：“‘特殊的国与国关系’是为了争取对等，主旨在于‘对等’而非‘独立’。……外界将其与‘台独’划等号，是错误的。”② 苏起认为“两国论”是防卫性的宣示，并不是挑衅性的举措。

（2）7月26日，李登辉辩解说，许多人将他的说法简化为“两国论”，其实他并没有提“两国论”，“和平统一是我们政府与人民努力的长远目标”。7月27日，李登辉再次强调，他所说的是“特殊的国与国关系”，从来没有说过“两国论”。所谓的“两国论”，是被炒作出来的。“追求两岸统一仍是我们未来的目标”。③

（3）7月30日，台湾当局发表海基会“辜董事长谈话稿”，对“特殊国与国关系”强调“特殊”，并从三个方面着重解释“特殊两国论”的“特殊”：“一、两岸之间文化同根、民族同源，具有特殊的感情。二、双方人民在社会、经贸等各层面往来之密切，非以往与现在的分裂国家所能比拟。三、最重要的是，双方均有意愿共同努力、平等协商，追求中国未来的统一。”④ 李登辉也曾经表示：“事实上，所谓‘特殊的’，基本上就是说，两岸的中国人存在有特殊的情感，彼此也较能相互了解，所以更应彼此尊重。”⑤

（4）强调“一个中国、各自表述”，并把“一个中国”的概念与“特殊的国与国关系”混合在一起。7月20日，李登辉就强调：“‘一个中国’不是现在，而是将来民主统一之后才会有‘一个中国’的可能”。苏起解释：“‘一个中国’是未来的事，民主统一的新中国也是未来的事，‘一个中国’

---

① “李总统：我是坚决反对台独的”，台湾《中国时报》1999年7月24日第1版。

② “连战：争取对等而不是独立”，台湾《中国时报》1999年7月24日第2版。

③ “李总统：汪来访前须确认两岸对等关系”，台湾《中国时报》1999年7月28日第1版。

④ “海基会董事长辜振甫谈话稿全文”，台湾《中国时报》1999年7月31日第2版。

⑤ “李总统：两岸关系已成两个对等实体交往问题”，台湾《中国时报》1999年7月29日第1版。

不是现在。”① 1999年8月1日，台湾当局的“陆委会”发表说帖：主张两岸应回到“一个中国、各自表述”的共识。② 9月10日，“陆委会”主委苏起把“一个中国”解释成“三段论”，即：“一个中国，各自表述；一个中国是未来的；现阶段是特殊的国与国关系”。③ 台湾“总统府”副秘书长林碧炤甚至还认为，“特殊的国与国关系”主张“基本上是和过去‘一个中国、各自表述’的意思一样”。④ 可见，台湾当局企图通过“各自表述”，把“一个中国”解释为“两个中国”。

（5）认为“特殊两国论”陈述现状，反映民意。李登辉反复强调“‘特殊国与国关系’主张，只是在陈述一个历史与法律的事实，让两岸关系的实质内涵回复真貌。”台湾当局的“陆委会”、国民党、民进党及台湾多家媒体也发布民调，以证明台湾民意对于“两国论”的支持。

台湾当局一方面提出各种解释，以求化解“两国论”带来的政治危机；另一方面又坚持不收回“两国论”的观点，坚持改变两岸关系定位的既定政策。7月20日，李登辉在接见国际扶轮社某个地区的代表时，一字不漏地重申了“两国论”。8月初，李登辉自称提出“两国论”是出自“道德勇气”，是反映了人民的心声，“也为继任者奠定了长远发展的基础”。8月9日，李登辉会见美国众议院代表团时，宣称他提出“特殊的国与国关系”，“是在陈述一个事实，而这个事实，无论是从法律、历史、现实的任何一个角度来看，都是‘无可否认的’”。⑤ 8月10日，李登辉不仅重弹“国与国关系”论调，连“特殊”也不要了，还说“愈闹愈大”，“愈闹愈好”。8月17日，台湾当局“行政院长”萧万长也表示：“两国论没有必要收回。”8月29日，国民党“十五全”把“两国论”写入党的政治决议文，提出要“以特殊的国与国关系明确定位两岸关系，迎接两岸互动的新页”⑥。10月10日，李登辉在“中华民国”的“双十国庆祝词”中再次提出：“两岸为特殊的国与国关系，

① 台湾《中国时报》1999年7月21日第2版。
② 台湾《联合报》1999年8月2日。
③ 台湾《联合报》1999年9月11日。
④ 台湾《中国时报》1999年10月10日。
⑤ “李总统：特殊国与国关系是无可否认的”，台湾《中国时报》1999年8月10日第1版。
⑥ 台湾《中国时报》1999年8月30日。

乃是历史与法律的事实"，并且说要"以此为基础，推动建设性对话"。① 可见，台湾当局受到岛内外政治局势的制约，对于发展两岸关系和推动两岸对话、交流、谈判处于矛盾立场之中，一方面不得不表达追求统一的立场，另一方面丝毫没有收回"两国论"的意思。李登辉不仅给国民党和台湾社会背上了沉重的包袱，而且也给继任者背上了沉重的包袱。

（四）"两国论"的影响

李登辉提出"两国论"目的就是要公开搞"两个中国"，搞"事实独立"，是在分裂国家的道路上走出的十分危险的一步。第一，是对国际社会公认的一个中国原则的严重挑衅；第二，破坏两岸关系发展的政治基础；第三，是对亚太地区和平与安全的挑战。

1．"两国论"使台湾社会的分裂主义路线更加顽固。

1949 年国民党政府因国共内战失败而退据台湾，两岸分属于社会主义和资本主义两大阵营，国共两党隔海对峙，政治上、军事上相互对抗，经济上、文化上、人员往来上相互隔绝。直到 1987 年 11 月，国民党当局才开放台湾民众赴大陆探亲，从此，开启了两岸民间交流的大门。长期以来，海峡两岸处在不同的政治、经济和社会制度下，相对拥有各不相属的政治体系，相互对立的政治文化，因此，造成了两岸之间政治认同的差异。"几十年来，台湾民众在中华民国这个国号下生活，他们的国籍填的是中华民国，他们的护照上、驾驶执照上写的是中华民国，在他们看来，他们理所当然的是中华民国的国民。"②

许多台湾民众虽然政治上认同"中华民国"，但是也认同海峡两岸主权和领土是一体的，认同自己是中国人，支持"海峡两岸同属一个中国"的政治认知。但是，李登辉抛出"两国论"，一方面，从本质上改变"中华民国"的内涵，把"中华民国"的"主权与治权"局限在"台澎金马地区"，否定海峡两岸在领土主权认知上的同一性；另一方面，把台湾民众对"中华民国政治体系"的认知等同于"中华民国在台湾是主权独立国家"的认知；以台湾民众对"中华民国"的认同来否定"海峡两岸同属一个中国"的政治认

① 台湾《中央日报》1999 年 10 月 10 日。

② 陈孔立著：《台湾学导论》，台北，博扬文化事业有限公司，2004 年版，第 319 页。

同。李登辉的分裂主义行径无疑使得台湾民众本已模糊的国家认同变得更加歧义，加剧了台湾民众对于祖国大陆的疏离感。

李登辉提出“两国论”后，台湾《联合报》民意调查显示，有80%民众赞成“中华民国是主权国家”；有50%以上的台湾民众赞成李登辉的“特殊两国论”。① 台湾《中国时报》民调显示，有43%的民众支持李登辉“两国论”的主张。② 由于台湾社会历史的特殊背景，许多台湾民众在台湾当局的政策误导下，无所适从，对“一个中国”的政治认知日益模糊，使得李登辉的“特殊两国论”在台湾具有一定的社会基础。

2.“两国论”为国民党2000年台湾地区领导人选举种下了败因。

2000年台湾地区领导人选举，是跨世纪台湾政局的转折点。在民进党的陈水扁、国民党的连战以及独立参选的宋楚瑜三足鼎立的态势下，“两国论”的抛出催化了选战的意识形态选择倾向，对选举结果产生了重大影响。

李登辉抛出“两国论”后，迫使参选“总统”的候选人都必须对两岸关系定位作出表态。陈水扁最为积极，他对李登辉表示感谢，因为李登辉的“两国论”与陈水扁提出的“两个互不隶属的华人国家”的定位相同。陈水扁还要求：“此刻任何一位可能的总统参选人应该站出来表态，中国和台湾，你到底站在那一边?”③ 宋楚瑜则批评“两国论”的决策过程盲目、粗糙。连战在国民党内政治氛围的压力下，不得不对李登辉的“两国论”表示支持。1999年8月29日，国民党还把李登辉的“两国论”写入党代会的政治决议文，决议文中提出“以特殊的国与国关系明确定位两岸关系”。

李登辉抛出“两国论”使得国民党与民进党的政治主张趋同。民进党由于“台独”主张受到各界质疑，担心“台独党纲”成为选举中的票房毒药，1999年5月份民进党的“全代会”通过了“台湾前途决议文”，提出：“台湾，固然依目前宪法称为中华民国，但与中华人民共和国互不隶属”，公开承认“中华民国”的“国号”。在参选过程中，陈水扁也提出台湾和大陆是“两个互不隶属的华人国家”的主张。李登辉把两岸关系定位成“特殊的国

① 台湾《联合报》1999年9月17日。

② “最新民调：43%民众支持两国论”，台湾《中国时报》1999年7月18日第2版。

③ “陈水扁：两国论有利两岸双赢”，台湾《中国时报》1999年7月16日第4版。

与国关系”，在对外宣传中使用了“Two states in one nation”，即“一个民族、两个国家”的说法，本质上与陈水扁的“两个华人国家”的定位并没有区别。“两国论”的目的就是要把“中华民国”的主权范围局限在台、澎、金、马，使得国民党在国家认同的立场上与民进党的立场基本一致了，客观上有助于民进党祛除选民心中的“台独害台论”。

李登辉在国家认同的立场上向民进党靠近，一方面是要与民进党联合起来共同对抗大陆的统一力量，对抗“和平统一、一国两制”的方针政策；另一方面是想拉民进党支持者的票，想在2000年“总统”选举中压低陈水扁的得票率。国民党阵营出现了两个“总统参选人”——宋楚瑜与连战，国民党传统的支持票源受到宋楚瑜与连战的瓜分。宋楚瑜在台湾省长任内勤于跑基层，关心基层建设，与各县市地方实力派关系紧密。选前台湾各项民调都显示宋楚瑜有很高的支持率，对连战是最大的威胁。因此，李登辉抛出“两国论”，通过在两岸间挑起争端，激化岛内的统“独”争议，让国家认同与身份认同的意识形态争议成为“总统”选战中的焦点。“台独票”一直是民进党的传统票源，李登辉提出“两国论”，国民党的立场向“台独”靠近，目的是想帮连战挖陈水扁的票源，想在选战最后引发“弃扁保连”的倾向；但实际上李登辉的作法不仅未能协助连战竞选，反而使得国民党内的部分本土票源流向了陈水扁，给国民党候选人连战埋下了败选的因素。

3.“两国论”使两岸沟通、交流、对话和谈判的基础不复存在。

由于李登辉的蓄意破坏，“两国论”给海协会会长汪道涵的访台行程带来了直接的影响和冲击。1999年7月12日，汪道涵要求辜振甫澄清有关“两岸会商就是国与国的对谈”的讲话；7月30日下午两点，辜振甫召开记者会，发表谈话，继续为李登辉的“特殊国与国关系论”辩解，宣称：“李总统的谈话，明确说明中华民国是主权独立国家的现实，充分反映了中华民国在台湾民主社会二千二百万人民的心声，这也是强调两岸分治对等的立场。”① 当天下午四时，海协会即因“辜董事长谈话稿”严重违背“九二共识”，不予接收，正式退回。海协会负责人发表谈话指出：“这个‘谈话稿’进一步鼓吹李登辉的所谓两岸关系是‘特殊的国与国关系’的谬论，再次暴

① “海基会董事长辜振甫谈话稿全文”，台湾《中国时报》1999年7月31日第2版。

露了李登辉顽固分裂中国的图谋，严重恶化了两岸关系，并使两会接触、交流、对话的基础不复存在。”①

1999 年 9 月 8 日，江泽民主席在澳大利亚堪培拉会见中外记者时指出：“要实现汪道涵访台，必须要做到以下两条：一是李登辉公开收回‘两国论’；二是李登辉只能以国民党主席的身份，而绝不能用所谓‘总统’身份接待汪道涵。”② 由于李登辉主导下的台湾当局拒不收回“两国论”。台湾当局无法满足 1999 年 9 月 8 日江泽民主席在澳大利亚提出的两个条件，汪道涵访台计划被迫取消，使 1998 年恢复的两岸两会接触与协商再次中断。

① “海协会负责人就所谓‘辜董事长谈话稿’发表谈话”，《人民日报》1999 年 7 月 31 日。

② “江泽民在堪培拉会见中外记者时阐述在台湾问题上的原则立场”，《人民日报》1999 年 9 月 9 日。

四、李登辉分裂主义路线在“外交”与“宪改”领域的表现

第一节　李登辉时期台湾当局的“务实外交”

台湾当局在蒋氏父子当政时期，坚持所谓“中华民国的法统”，以中国的“正统”自居，奉行“汉贼不两立”的政策，在国际上与大陆激烈争夺全中国的代表权。随着1971年台湾当局的代表被驱逐出联合国及其所属机构，以及1979年中美建交，台湾当局在国际上日益孤立，“邦交国”越来越少，“国际活动空间”渐渐萎缩，台湾当局的对外关系陷入了困境。蒋经国去世，李登辉上台以后，台湾当局为了摆脱在国际上的孤立困境，开始对外推行“务实外交”政策。所谓“务实外交”，又称为“弹性外交”，就是在“正常外交”或“官方外交”不能运作的时候，为因应对外关系与事务上所采取的一种权宜措施与弹性做法。① 李登辉推行的“务实外交”，其实质是图谋“两个中国”、“一中一台”，显然与一个中国的原则背道而驰，与海峡两岸走向和平统一的目标背道而驰。

（一）台湾当局推行“务实外交”的背景

蒋经国去世后，李登辉继位。上任伊始，李登辉就开始提出“务实外交”的主张。“务实外交”取代“汉贼不两立”，被认为是台湾当局的“外交政策”走进“李登辉时代”的标志。② 1988年7月7日，李登辉在国民党“十三全”开幕致词中宣称：“我们的基本作法是：要以更坚定的信心，采取更实际、更灵活、更具有前瞻性的作为，以升高并突破目前以实质外交为主

---

① 国务院台湾事务办公室：《中国台湾问题外事人员读本》，九州出版社，2006年11月版，第178页。

② 参见张慧英著：《超级“外交官”——李登辉和他的“务实外交”》，台北，时报文化出版公司，1996年版，第2页。

的对外关系。”① 1990年李登辉当选所谓“第八任总统”后，在5月20日的“就职演说”中表示：“今后必将以更主动务实的精神，拓展国际活动空间，策进国际合作，共谋国际社会的繁荣与和平。”② 李登辉当政时期，孜孜以求地推行“务实外交”，谋求“国际活动空间”，既有客观的因素，也有主观的动机。

1. “外交困境”使台湾当局亟待谋求“拓展国际活动空间”。

1971年10月，第26届联合国大会以75票赞成、36票反对、17票弃权的表决结果，通过了第2758号决议，恢复了中华人民共和国在联合国的合法席位和权利，并立即“把蒋介石的代表从联合国及其所属机构驱逐出去”。世界各国纷纷与台湾当局“断交”，1979年中美正式建交，使台湾当局陷入空前的“外交困境”。1970年台湾“邦交国”有67个国家，在中美建交前夕仅剩23个“邦交国”，1988年台湾当局的“邦交国”落到最低点，只有22个国家。

表2：1970年—1990年台湾“邦交国”数目

单位：个

年份	数目	年份	数目
1970年	67	1980年	23
1971年	56	1983年	24
1972年	43	1985年	23
1974年	32	1988年	22
1976年	26	1989年	26
1979年	23	1990年	28

资料来源：台湾淡江大学国际事务与战略研究所2004年吴宛玲硕士论文《“李登辉总统务实外交”政策之研究（1988－2000）》，第109页。

“邦交国”的不断减少，使台湾当局深感“生存空间”缩小的压力，迫使台湾当局不得不从策略上调整对外政策。为了走出“外交困境”，早在蒋

① “李代主席十三全会开幕致词全文”，台湾《中国时报》1988年7月8日，第2版。

② 《开创未来——迈向中华民族的新时代》，台湾当局“行政院新闻局辑印”，1992年，第8、9页。

经国当政时期，台湾当局就提出了“总体外交”或称为“实质外交”的策略，新形式的对外关系包括以下三方面：（1）在对外关系上采取所谓“弹性”政策；（2）在维持既有形式关系的同时，强调发展实质关系；（3）鼓励参与各种民间国际组织活动和进行所谓“国民外交”。[①] 所谓“实质外交”是国际社会普遍承认中华人民共和国政府是代表全中国的唯一合法政府的趋势下，台湾当局为了摆脱国际孤立地位，而不得不推行的实用主义的“外交”策略。李登辉上台以后，台湾当局进一步采取更加弹性、更加实用的策略，改变海峡两岸在国际社会“汉贼不两立”的立场，竭力推行“弹性外交”、“务实外交”，以图进一步摆脱“外交困境”，在国际社会凸显“中华民国是主权独立国家”的政治地位。李登辉公开宣称：“我们的务实外交，就是要在这些困难的情况下走出自己地位的具体作法。”[②]

2. 国际格局的变迁为台湾当局推行“务实外交”提供了客观的环境。

20 世纪 80 年代末 90 年代初，国际格局发生了巨大的变迁，1990 年东欧社会主义国家发生剧变，1991 年苏联瓦解。由于苏东剧变，导致战后形成的“雅尔塔体制”瓦解，东西方冷战格局发生改变。美国认为中国失去了原有的牵制苏联的战略意义，开始向中国施加政治、经济、军事等多方面的压力。台湾当局坚持顽固的“反共”立场，认为时局对其“拓展国际活动空间”有利，以为有机可趁，因此，台湾当局在国际社会高唱“民主、自由、人权”的口号，以图通过打“民主牌”来摆脱国际孤立的困境。1991 年元旦，李登辉在公开讲话中宣称：“环顾世局，由于东西方两大阵营冷战的结束，国际政治趋向多元发展，新的国际秩序则仍有待建立。但从苏联的政经改革、德国的统一、东欧共产专政的瓦解，都在在说明，共产主义已经走到穷途末路。所有的共产国家，均面临着不改弦更张，就彻底失败的命运。”[③] 在旧的格局崩溃，国际新秩序形成过程中，台湾当局提出“务实外交”的策略，希望在国际新秩序下占有一席之地。

---

① 范希周：“1979 年以来台湾‘总体外交’政策分析”，《台湾研究集刊》1987 年第 4 期。

② 李登辉：“在革命实践研究院对国家发展研讨会与会学者致词”，《开创未来——迈向中华民族的新时代》，台湾当局“行政院新闻局辑印”，1992 年，第 117 页。

③ 《统一是中国唯一的道路——李总统登辉先生言论选粹》，台湾当局“行政院新闻局”编印，1991 年版，第 105 页。

随着冷战格局的瓦解，传统的以意识形态对抗为特征的国际政治格局让位于以经济发展为主题的国际新秩序，世界各国普遍重视经济建设和经济发展。1993年4月，李登辉在巡视东引、马祖等岛对台军的讲话中明确表示：“现在是我们走务实外交路线的最好机会”，“近年来，国际情势变化非常快速，苏联共产帝国崩溃后，冷战大致告一段落，国际意识形态的对抗也逐渐消退，国际合作势将代替军事对抗。对中华民国来说，这是推动务实外交，以和平方法走务实路线，促进国际合作最好的机会”。① 台湾经济经过20世界70年代和80年代的高速发展，成为“亚洲四小龙”之一，积累了较为稳固的外汇储备，在对外贸易和对外投资中占有一定的优势。“国际社会进入90年代，传统的地缘优先已为经济优先所取代，经济实力的较量上升为竞争的关键，各国执政者无不把发展自身经济作为主要施政目标，台湾雄厚的经济实力受到世界上一些国家的青睐。”② 台湾当局利用经济上的优势，在国际社会为其“拓展国际活动空间”鸣锣开道，大肆推行“金钱外交”，一方面通过公开对外经济援助、经贸投资等方式以争取和巩固“邦交国”；另一方面暗中洒钱，拉拢和收买一些国家的政要，达到“建交”的目的。为了增加国际活动空间及国际支持，李登辉公开表示：“这项工作我们将以务实外交的作法来进行，现在非常欣慰的是我们袋里有点钱，我们计划拿出一部分回馈全世界开发中国家。”③ 李登辉认为，国际格局的演变为台湾当局利用经济手段推行“务实外交”提供了有利的时机，“四十几年来，我们累积出经济上的实力，已经得到国际各方面对我们的期许，要我们作更多的贡献，在这种情况之下，本人认为要彻底推行务实外交，我们的机会比以前更多，我们活动的空间应该比以前更大。”④

3. 李登辉把“务实外交”作为推行分裂主义路线的目标和手段。

“务实外交”是李登辉推行分裂主义路线的表现和产物。“外交政策”与

---

① 台湾《联合报》1993年6月19日。

② 陈萍：试析台湾当局的“务实外交”，《当代亚太》，1996年第4期。

③ 《统一是中国唯一的道路——李总统登辉先生言论选粹》，台湾当局“行政院新闻局”编印，1991年版，第121页。

④ “宣告动员戡乱时期终止举行中外记者会问答节要”，《开创未来——迈向中华民族的新时代》，台湾当局“行政院新闻局辑印”，1992年，第69页。

大陆政策是台湾当局对外政策的一体两面，两者相辅相成，密切相关。李登辉当政后，随着权力地位的逐渐稳固，不断地暴露出分裂主义的真面目。李登辉把“务实外交”当作推行分裂主义路线的重要目标和手段，在两岸关系上，李登辉强调“分裂分治”，要求大陆承认台湾的“主权独立国家”的地位；在国际上，李登辉主张“双重承认”，图谋加入联合国等国际组织，要求世界各国和国际组织承认台湾当局的“主权独立国家”的地位，企图在国际上造成“两个中国”或“一中一台”的政治现实。

李登辉上任不久，1988 年 3 月 22 日通过时任“研考会主委”的魏镛放出试探气球，提出：“德国与韩国突破外交上承认的瓶颈，关键乃在于将‘国家统一’与‘承认’分开处理，我政府从未排除‘双重承认’”。① 这一试探气球出来后，受到舆论的关注，认为这是台湾当局在对外政策上作出重大调整的信号。1989 年，李登辉不计名分，出访新加坡；派遣台湾当局的代表出席北京亚银年会，被认为是李登辉“务实外交”的初步实践。90 年代以后，李登辉变本加厉地推行“务实外交”，要求以“对等政治实体”的身份参与国际社会，要求大陆不阻挠台湾当局开展对外关系，提出“海峡两岸必须在对等的地位下才有谈判的可能”②，这种“对等地位”不仅仅体现在两岸谈判中，而且必须体现在国际社会，要求“彼此采取相互尊重互不排斥的立场，共同参加国际组织与活动”③。1994 年 7 月，台湾当局公开发表了“台海两岸关系说明书”，提出台湾当局“不再在国际上与中共竞争‘中国代表权’”，“两者既处于分治局面，理应各自有平行参与国际社会的权利”④。

（二）台湾当局“务实外交”的具体举措

为了达到“务实外交”的目标，台湾当局可谓挖空心思，不择手段，从企图建立“双重承认”的“邦交关系”到不断升级的实质关系；从孜孜以求的“元首外交”到不惜重金的“金钱外交”；从徒劳无功地推动加入政府间国际组织到鼓吹“南向政策”，台湾当局手法不断翻新，但是在国际上制造

---

① 《中国时报》1988 年 3 月 23 日第 1 版。

② 台湾“中央社”1990 年 5 月 16 日报道。

③ 李登辉：“答法国‘国际政治’季刊书面访问”，《开创未来——迈向中华民族的新时代》，台湾当局“行政院新闻局辑印”，1992 年，第 51 页。

④ “‘台海两岸关系说明书’全文”，台湾《中国时报》1994 年 7 月 6 日第 2、10 版。

“两个中国”、“一中一台”的分裂主义本质未变。李登辉曾经公开承认“务实外交”的目的就是要在国际社会证明“台湾的存在”，“曾经有人问我，拓展外交有何‘特殊秘诀’？道理其实很简单，就是坚持‘台湾存在的事实’和‘存在就有希望’的信念。”“为证明台湾存在的事实，就必须与其他国家建立关系。最好的方式当然是建立健全正式的外交关系，如果有困难，建立健全以经济为主的实质关系也无妨。倘若连建立经济关系都有困难的话，则可退而求其次：建立文化或其他的交流关系。……这种务实（pragmatic）的作法，可以为外交困境带来许多突破。”“我将此称为‘务实外交’，也就是顾及现实的外交作为。相信只要我们继续坚持此一路线，一定可以确保台湾的‘存在’，并彰显台湾‘存在’的事实。”① 从李登辉时期，台湾当局的“务实外交”的推行状况，可以看出，台湾当局“务实外交”的具体举措主要有以下一些内容。

1. 企图建立“双重承认”的“邦交关系”。

“双重承认”是台湾当局推行“务实外交”的重要内容，所谓“双重承认”，就是台湾当局要求国际社会既承认“中华人民共和国”、又承认所谓的“中华民国”，承认台湾与大陆是两个“主权各自独立的国家”，其实质就是搞“两个中国”、“一中一台”。李登辉“务实外交”的重要目标就是企图在台湾当局对外建立“邦交关系”上实现突破。一方面，台湾当局的“邦交国”转而与大陆建交之后，台湾当局极力拖延“断交”时机，不主动寻求“断交”，尽力造成事实上的“双重承认”的现实；另一方面，台湾当局不再坚持所谓“邦交国”必须先与大陆断交后再与之“建交”，要求“邦交国”将其与台湾和大陆的关系分开处理；另外，在与新独立国家寻求“建交”的过程中，台湾当局也明确表示不反对“双重承认”。在李登辉推行“务实外交”的初期，为了维持表面上的“一个中国”的立场，台湾当局的原则是“只能做，不能说”，避免出现“双重承认”的字眼。1989 年 1 月 5 日，时任台湾当局“外交部次长”的章孝严在“立法院”表示：“‘双重承认’不是我们外交的目标，但可以作为一种手段，外交部已经很严肃研究过这个问

① 李登辉：《台湾的主张》，台北，远流出版事业股份有限公司，1999 年版，第 126、128 页。

题。”[①] 但是随着台湾当局“务实外交”政策的日益鲜明，“双重承认”的政策被公开化。1991年7月8日，台湾当局“行政院新闻局”公开在《纽约时报》言论版刊登政治广告，宣称台湾当局愿意“接受其他国家的暂时性双重承认”，暴露了台湾当局“务实外交”图谋“两个中国”、“一中一台”的真面目。

20世纪90年代，台湾当局几乎每年都要从大陆挖走几个建交国，对这些所谓“复交”的国家，台湾当局极力造成“双重承认”的机会。1992年台湾当局与尼日尔“复交”，台湾当局对外部门的负责人表示不干涉尼日尔与大陆的关系，不要求尼日尔与大陆断交，公开承认台湾当局“可以容忍双重承认”。[②]

20世纪90年代，台湾“邦交国”中仅有的三个大国——沙特阿拉伯、韩国、南非先后与台湾当局“断交”，转而与中华人民共和国政府建立外交关系。为了维系台湾当局与这些国家的“邦交关系”，台湾当局极力争取“双重承认”的机会。1990年7月，中沙建立外交关系。中沙正式宣布建交前，李登辉指示希望尽一切努力维持台湾当局与沙特阿拉伯之间的“邦交”，台湾当局的“外交官员”在“立法院”表示“包括双重承认和在沙特设立商务办事处等所有可能性的方案”，台湾当局都考虑过。1992年8月，中韩建立外交关系，韩国断绝与台湾当局的“邦交”，在《中韩建交公报》中，“大韩民国政府承认中华人民共和国政府为中国的唯一合法政府，并尊重中方只有一个中国、台湾是中国的一部分之立场”。台湾当局不仅未能取得“双重承认”的机会，而且韩国外交部门要求台湾当局移交在韩馆产予大陆，使台湾当局颜面尽失，认为是预想各种可能情况中“最坏最坏的情形”。1997年底中国与南非建交。南非是台湾当局竭力图谋实现“双重承认”的国家，1996年底南非总统曼德拉宣布将在一年后与台湾当局“断交”而与中国建交。台湾当局软硬兼施，试图挽救“邦交关系”。时任台湾当局“外交部长”的章孝严就表示：“以往我与中共‘你进我退’、‘我进你退’绝不和同一国双边建交的作法，没有必要再坚持，目的是希望将两岸情势投射在国际上，

① “外部表示：双重承认是手段而非目标”，台湾《中国时报》1989年1月6日第3版。

② 参见台湾《中国时报》1992年6月30日报道。

让世界各国体认到两岸如今已是实质的政治实体。”[①] 台湾当局与南非商谈未来关系架构时，首先希望维持“领事关系”，南非方面认为“领事关系”有政治承认意味，不可能接受；其次台湾当局退而希望保持“尽可能高级别的关系”，也被南非方面所拒绝。南非与台湾当局的“断交”意示着“双重承认”的彻底破产。

2. 不断升级的美台、日台等实质关系。

1979 年 1 月 1 日中美正式建交后，美国与台湾当局断绝了“外交关系”，但是 1979 年 3 月美国参众两院先后通过了“与台湾关系法”。“与台湾关系法”表示：“维持美国的能力，以抵抗任何诉诸武力、或使用其它方式高压手段，而危及台湾人民安全及社会经济制度的行动。”美国以国内法的形式确立了美台之间实质性的军事安全合作关系，俨然把台湾当作美国的海外军事属地，为台湾当局撑起了政治与军事安全的保护伞，美国的介入成为阻碍台海两岸走向和平统一的重大障碍。

美台关系是台湾当局对外关系的最主要部分，台湾当局也极力强化美台之间的实质关系，美台双方分别设立“美国在台协会”及“北美事务协调委员会”处理美台之间的实质关系。为了取得美国的支持，20 世纪 90 年代李登辉当政时期，台湾当局每年编列的对美军购都在 5 亿美元以上。1992 年 9 月 2 日，美国前总统布什宣布解除 10 年之久的禁令，向台湾出售 150 架 F-16A/B 战机，总值 60 亿美元，1997 年 4 月交付了第一批战机。1993 年，美国又宣布售台 200 枚“爱国者”导弹及其设备，总值达 100 多亿美元。

台湾当局还编列了大笔的“国安密账”，投入对美国参众两院、行政系统、相关智库等机构的游说活动中，目的是劝说美国调整对台政策，提升美台实质关系，允许李登辉访美等。1994 年 9 月，美国政府调整对台政策，其中包括将台湾当局的驻美机构改名为“台北驻美经济文化代表处”、允许美国适当层级官员访台、略为放宽双方交往范围，及有限度支持台湾参与国际组织等，成为提升美台实质关系的重要举措。从 1994 年 7 月开始，台湾当局砸下重金通过刘泰英主持的“台湾综合研究院”在美国雇佣卡西迪公关公司游说美国国会同意李登辉访美。李登辉还向其母校康奈尔大学提供巨额赞

---

① 台湾《联合报》1997 年 8 月 17 日。

助。在台湾当局的大力活动下，1995年5月美国参众两院高票通过欢迎李登辉访美的决议，美国政府再次修正对台政策，同意台湾当局的高层官员偶尔可以私人身份访问美国，同意发给李登辉访问美国的签证，允许李登辉赴美参加康奈尔大学的毕业典礼，为李登辉访美敞开了政策大门。1995年6月7日至12日，李登辉返回母校康奈尔大学进行“私人访问”，使两岸关系再次陷入危机之中。

为了反对李登辉的分裂主义路线，1996年3月8日至25日，中国人民解放军在台海地区举行了三波军事演习。然而，美国派出“独立号”与“尼米兹号”两艘航空母舰战斗群驶往台湾附近海域，为李登辉的分裂主义撑腰壮胆。美国公然纵容与支持李登辉分裂主义路线的做法，无疑是给台湾当局发出了危险的、错误的信号。

由于地缘政治的因素以及日台之间长期的纠葛，日本把台湾海峡视为其“生命线”，始终把台湾问题作为牵制中国的一颗棋子。“日本不愿意看到海峡两岸走向统一，认为统一对日本不利，希望两岸长期维持现状，‘不统不独’。”“90年代以来，日本鼓噪‘台湾地位未定论’的声浪明显升温”。[①] 台湾当局利用日本的这种心态，试图进一步强化台日实质关系，一方面在政治上，日台不断提高交往层级，提升互访官员的级别和规格；另一方面在经济上，日台双边贸易日益密切。台湾当局极力运作日本邀请李登辉访日，由于中国政府的强烈反对而没有实现。

20世纪90年代中期以来，美国和日本联手调整双方安全保障关系，试图在东亚地区进一步强化以美国为首的军事安全同盟体系。1996年4月美日发表“安全保障联合声明”，1997年9月23日美日正式发表“美日防卫合作指针”。新日美安保体制的核心是两国加强军事合作对付“日本周边地区发生紧急事态”，把台湾问题列为“周边事态”之一，无疑为台湾当局的分裂主义路线撑起保护伞，客观上架构了美日台之间的军事安全同盟体系，是对中国统一进程的粗暴干涉。

3. 推动加入“联合国”、“世界卫生组织”等政府间国际组织。

台湾当局“务实外交”的重要目标之一是通过参加国际组织及其活动以

---

① 孙云、董云：“冷战后的中日关系与台湾问题”，《台湾研究集刊》2001年第1期。

凸显其国际地位。李登辉上台后，改变了蒋氏父子时期坚持的“一国一席”的政策立场，一方面，鼓吹“一国两席”、“双重代表权”，要求“参与联合国”等政府间国际组织；另一方面，在参与国际组织及其活动上采取所谓“弹性、务实”的立场，不计较名分，以实质参与为首要。

20世纪80年代末90年代初，台湾当局共参加了10个政府间国际组织，包括亚洲开发银行、国际刑警组织、国际军事医药委员会、国际棉业咨询委员会、国际畜疫会、亚洲生产力组织、亚非农村复兴组织、亚太理事会、国际税则局、常设仲裁法院。1984年国际刑警组织恢复中国的会籍，并将台湾会籍名称修改为“中国台湾”（“Taiwan，China”），而且台湾没有投票权。1986年3月亚洲开发银行恢复中国的会籍，要求将台湾的会员名称改为“中华台北”（“Taipei，China”），为此台湾当局拒绝出席1986年、1987年的两届亚银年会。1988年李登辉上台后，派遣“中央银行总裁”张继正率领11人代表团以“抗议中”的方式出席在菲律宾首都马尼拉举行的亚银年会。1989年5月台湾当局再次派遣“财政部长”郭婉容出席在北京举办的亚银年会，台湾当局调整参与国际组织及其活动的弹性策略引起了国内外舆论的关注。

李登辉上台之初，把参与国际组织及其活动的重点放在经济性与功能性国际组织。1990年1月，台湾当局以“台澎金马关税领域”的名义，申请加入“关贸总协定”（GATT）。李登辉不计较名称的弹性策略，台湾媒体甚至有人评论认为：“此一决定的背后，隐含着李登辉已踏出了‘新国家’的第一步。”① 1991年11月，台湾当局以“中华台北”的名义加入了“亚太经济合作组织”（APEC），是台湾当局所参与的最重要的区域性国际经济组织。在岛内外各种分裂主义势力的推动下，台湾当局也开始研究“加入联合国”的问题。1991年6月18日，台湾当局“立法院”通过决议，建议于适当时机以“中华民国”名义申请“重返联合国”。9月，民进党的吕秀莲、谢长廷等人组成“台湾加入联合国宣达团”赴纽约展开大肆的游行、座谈、拜访、登广告等宣传活动。台湾当局还在“外交部门”设立“联合国科”，并且加强驻纽约办事处“联合国小组”的功能。

---

① 林旅：“李登辉踏出‘新国家’的第一步”，台湾《民进》周刊1990年1月15日第1期。

1993年，台湾再次掀起所谓“加入联合国”的高潮，民进党“立委”吕秀莲等人成立“台湾加入联合国促成会”；李登辉宣称“会在二三年内提出重返联合国的申请”；台湾当局还成立跨部会的所谓“参与联合国决策小组”；台湾“外交部门”公布了所谓的“中华民国参与联合国”专册；李登辉还发表了“全面推动台湾参加联合国的动员令”的讲话；台湾“外交部门”发起成立了“各界支持台湾参与联合国行动委员会”。8月6日，台湾当局策动萨尔瓦多、危地马拉、尼加拉瓜、哥斯达黎加、洪都拉斯、巴拿马、伯利兹等中美洲7国联名写信给联合国秘书长，要求“依照会籍普遍化原则及符合分裂国家在联合国已建立之平行代表权模式，审视在台湾之中华民国在国际体系下之特别情况，建议设立特别委员会进行研究”。9月22日，第48届联大总务委员会否决了中美洲7国的提案，第一次坚决地挫败了台湾当局企图挤入联合国的分裂主义图谋。台湾当局不顾一切地图谋“加入联合国”，其公开目标是在联合国争取“一国两席”、“双重代表权”，在联合国打出“中华民国在台湾”的旗号，然而其本质是制造“两个中国”、“一中一台”的分裂事实。

从1993年开始，李登辉主导下的台湾当局每年都拉拢一些“邦交国”，向联合国提出所谓的台湾“参与联合国案”，以期突破“一个中国”的国际法架构和国际政治现实。1994年7月，台湾“外交部门”负责人提出台湾“参与联合国”的三原则，即所谓“无预定立场、不挑战中共在联合国内的权益、参与联合国工作最后有助于中国统一”①。这三项原则的要害是抛弃了一个中国原则，在“有助于中国统一”的言词的掩盖下，达到分裂中国的政治目的。1994年7月，台湾当局策动尼加拉瓜等12国向联合国大会提案支持台湾“参与联合国”。1995年6月，李登辉访美期间，美国参议院外交委员会通过了支持台湾“加入联合国和世界贸易组织”的修正案，使台湾当局的活动得到鼓舞；6月26日，李登辉发表专文，要求联合国依据“会籍普遍化原则”，解决台湾在联合国的会籍问题。1995年7月，台湾当局策动尼加拉瓜等15国向联合国大会提案，再次要求讨论台湾的会籍问题。1996年7月，策动塞内加尔等16国向联合国提案支持台湾“参与联合国”。1997年7

① 台湾《联合报》1994年7月9日。

月，台湾当局改变策略，将矛头指向“联大 2758 号决议”，策动所罗门群岛等 9 国向联合国提案，“要求联合国大会审查 1971 年的 2758 号决议”，修改该决议，“恢复在台湾的中华民国参加联合国组织及其所有有关组织的一切法定权利”。1998 年 7 月，台湾当局策动布吉纳法索等 11 国向联合国提案继续要求“重新检讨第 2758 号决议”，声称“中华民国政府不再声称代表全中国，只寻求代表台湾的 2180 万人民”。1999 年 7 月，李登辉抛出“两国论”，8 月，台湾当局策动布吉纳法索等 12 国向联合国提案，把“两国论”的内容塞入其中，要求联合国大会设立“工作小组”，以审查台湾“被排除于联合国体系外之不合理情形”。台湾当局虽然每年都策动一些“邦交国”向联合国提案，不断变换手法，但是结局是一样的，台湾当局每年都铩羽而归。由于世界上绝大多数国家都支持一个中国的立场，注定了台湾当局推动的“参与联合国”的活动必然挫败的命运。1999 年，包括美国、英国、法国等西方国家均对“台湾参与联合国”表示反对，使台湾当局的分裂主义图谋遭到重挫。

从 1997 年开始，台湾当局还加紧了推动台湾“加入世界卫生组织（WHO）”的活动。1997 年 4 月台湾当局以争取“医疗权利”为借口，首度正式推动“重返 WHO”的活动，策动塞内加尔等 9 个“邦交国”台湾当局为向 WHO 提案申请为观察员；1998 年 5 月 7 日，台湾当局策动甘比亚向 WHO 提案，要求出席世界卫生大会；1999 年 4、5 月间，台湾当局策动所罗门群岛、洪都拉斯、圣文森、利比利亚及塞内加尔 5 国，先后致函 WHO 干事长，要求参加世界卫生大会。台湾当局一方面宣扬“中华民国在台湾”、“两国论”，一方面在国际组织中挑衅一个中国原则，理所当然地遭到中国政府和中国人民的坚决反对，挫败了李登辉主导下的台湾当局试图挤进世界卫生组织的图谋。

4. 花样翻新的“元首外交”。

李登辉主导下的台湾当局为了推动“务实外交”政策，一方面鼓动所谓的“全民外交”，利用民间社团、民间企业、民间人士的资源，为台湾当局的“务实外交”政策服务；另一方面，李登辉亲自上阵，热衷于出访“邦交国”和“无邦交国”，沉迷于“过境外交”和“度假外交”。“李登辉上台后醉心于‘元首外交’，以抬高自己的身价，并彰显台湾的‘独立政治实体地位’，因此，‘元首外交’即成为‘务实外交’一个较为重要的内容。12年中，李登辉共有6次出岛活动。”①

1989年3月，李登辉出访与台湾没有“外交关系”的新加坡，成为台湾地区领导人出访所谓“无邦交国”的首例，新加坡称其为“台湾来的李总统”，李登辉表示“虽不满意，但可以接受”，被认为“点出了‘务实外交’的基本精神”②。90年代中期，李登辉的地位日益稳固，在国际上全面推行“务实外交”政策，出访更加频繁。1994年2月9日至16日春节期间，李登辉以“度假外交”的名义出访“无邦交”的印尼、泰国，途中先在菲律宾的苏比克湾停留了4小时，先后与菲律宾总统、印尼总统、泰国国王等进行了秘密会谈，目的是所谓“强化区域经济合作”，推行“南向政策”。1994年5月4日至16日，李登辉出访中美洲的尼加拉瓜、哥斯达黎加和非洲的南非、斯威士兰等4国，李登辉借出席哥斯达黎加总统菲格雷斯和南非总统曼德拉就职典礼之机，大肆活动，以达到“巩固邦交”的目的，重点是稳定台湾与南非的“邦交关系”，这也是李登辉上台后首度出访所谓的“邦交国”。1995年4月1日至4日，李登辉展开“沙漠之旅”，访问了与台湾“无邦交关系”的阿联酋和约旦，以加强台湾和这些“无邦交国”之间的实质关系。李登辉在出访的过程中强调“中华民国是主权国家”、“以主权国家的身份从事外交”、“元首外交是未来的趋势”，企图挤进“APEC”领导人会议，在国际上制造“两个中国”、“一中一台”的用心昭然若揭。

而李登辉任内最重要的出访是1995年6月7日至12日以出席康奈尔大学校友会的名义，对美国的所谓“私人访问”。在康奈尔大学的欧林讲座上，李登辉发表了题为“民之所欲，长在我心”的演讲，大谈“台湾经验”，鼓吹“双重承认”。李登辉在返台后的记者会中，声称此次访美“凸显了中华民国存在的事实”，是一个“重要的突破”，“中华民国现在最缺少的东西，是一个有主权的国家”。此次李登辉访美，就是企图把台湾作为一个“主权

---

① 刘国奋：“李登辉‘务实外交’综评”，《台湾研究》2000年第3期。

② 参见张慧英著：《超级外交官——李登辉和他的务实外交》，台北，时报文化出版公司，1996年版，第17页。

国家”推向国际社会。[1] 李登辉访美是台湾当局推行“务实外交”，在国际上制造“两个中国”、“一中一台”的高潮，理所当然地遭到了海内外中国人的严厉批判。实际上，从1994年开始，李登辉在一年多的时间内，连续出访4次，窜访了10个国家，其个人的重要政治目的是借助“务实外交”之名，为其在1996年3月参选连任进行造势。

李登辉访美引起了两岸关系的高度紧张，李登辉似乎放缓了出访的步伐。然而，1997年在南非宣布将与台湾“断交”之后，台湾当局为了防范“多米诺骨牌效应”，巩固“邦交关系”，李登辉再次“外交出击”，展开所谓的“太平之旅”。1997年9月4日至19日，李登辉访问了巴拿马、洪都拉斯、萨尔瓦多、巴拉圭等4国，与中美洲5国签署了自由贸易协定，并且挤进了“中美洲区域统合体”，这是李登辉任内最后一次、也是历时最长的一次出访活动。李登辉的分裂主义立场变本加厉，在出访的过程中声称：“要进行结束两岸敌对状态的谈判，最重要的就是要先承认‘中华民国’是一个主权独立国家”，并且用闽南话叫嚣：“中共再大，也不会比我老爸大！”[2]

5. 不惜血本的“金钱外交”。

台湾当局在国际上推行“务实外交”政策，但显然在客观上没有多少筹码可用。为了“巩固邦交”、“拓展国际生存空间”，台湾当局不惜大肆挥霍纳税人的钱财，以金钱开路，使用公开的或秘密的、合法的或非法的手段，图谋在国际社会建立其“主权独立国家”的政治地位。“李登辉的‘务实外交’，不管是‘建、复交’，还是‘参与联合国’、‘元首外交’和‘南向政策’，无不与‘金钱外交’相联系。”[3]

运用合法的经济手段，通过贷款、投资、捐赠及国际技术合作等方式拓展和巩固对外关系，是台湾当局在“外交”方面长期运用的手段。早在1972年10月，台湾当局就成立了“海外技术合作委员会”（海外会），对外派遣农渔业技术团或技术专家，协助培训技术人员，推广“台湾经验”，通过“国际技术合作”强化与合作国之间的实质关系。1989年10月，台湾当局又

---

① “国际社会绝无‘台独’生存空间——二评李登辉在康奈尔大学的演讲”，《人民日报》1995年7月25日。

② 参见台湾《联合报》1997年9月14日、17日报道。

③ 刘国奋：“李登辉‘务实外交’综评”，《台湾研究》2000年第3期。

在经济部门设立“海外经济合作发展基金管理委员会”（海合会），编列新台币300亿元作为对外援助的基金，负责对“邦交国”提供各种贷款和经济技术援助。90年代中期，随着台湾当局“务实外交”的全面推行，援外业务不断增长，1995年12月19日台湾“立法”部门通过了“财团法人国际合作发展基金会设置条例”，并于1996年7月1日裁撤了“海外会”和“海合会”，正式成立“国际合作发展基金会”（国合会），由台湾当局“外交部长”担任董事长，结合官方与民间的资源，专门负责办理台湾当局的对外援助业务，“国合会”初始成立基金约为新台币116亿元。除了官方编列预算，台湾当局也鼓励民间企业投资“邦交国”，协助巩固“邦交关系”。

20世纪90年代，仅存的几个重要“邦交国”先后与台湾当局“断交”。为了确保30个左右的“邦交国”，台湾当局投入巨资，争取“建交或复交”。1991年8月，台湾当局为了巩固与中美洲国家之间的“邦交关系”，由“副总统”李元簇率代表团访问哥斯达黎加、尼加拉瓜、洪都拉斯3国，出访2周时间，台湾当局的代表团开出了新台币24亿元的援助经费，连时任“立委”的陈水扁都公开抨击台湾当局是大行“散财外交”。1992年，尼日尔政府面临严重的经济困难，台湾当局许诺给予5000万美元的援助，以协助尼日尔政府支付拖欠的公务员工资，从而换取尼日尔与台湾当局建立“邦交关系”。1997年花费了3000万美元争取与圣多美和普林西比“建交”。1998年，台湾当局承诺提供1亿美元的援助以换取马绍尔群岛的“邦交”。对于新独立国家，台湾当局更是砸下重金争夺“邦交”。1999年1月，台湾当局投入3亿美元换取马其顿的“建交”。1999年6月7日，李登辉宣布以3亿美元援助科索沃重建。

除了公开的、合法的对外援助，台湾当局还编列大笔的机密预算用于推行“务实外交”政策。其中包括用于对外游说活动；用于直接支付给某些国家政客的政治献金或贿赂款项；用于对外活动的佣金等等。仅1995年为了李登辉访美，台湾当局就花费了450万美元雇佣卡西迪公关公司为其游说；支付了250万美元用于在康奈尔大学设立“李登辉讲座”；承诺购买价值12亿美元的波音飞机等等，此外还花销了大笔的公关费用和政治献金，可以说是用金钱铺就了李登辉访美的“黄金之路”。

6．大力鼓吹“南向政策”。

随着20世80年代末90年代初两岸关系的缓和，两岸经贸关系日益密切，尤其是在90年代初掀起了台商投资大陆的热潮，截至1993年底，台商投资大陆达19000多项，协议投资金额已接近200亿美元，仅1993年台商投资大陆就达到了10948项。这使得推行分裂主义路线的台湾当局深感忧虑，为了降低对大陆市场的依存度，也为了提升与东南亚国家之间的实质关系，企图挤进东南亚集体安全体系，台湾当局开始鼓吹和推动"南向政策"。以经济合作为核心的"南向政策"，其主要目标是台湾当局企图通过建立双边经贸关系，进而扩展多边的对外关系，甚至建立区域安全体系。1993年下半年台湾当局提出"南向政策"，台湾经济部门为此专门设立了"南向专案小组"，1993年11月9日，台湾经济部门发表"南进投资政策"说帖，认为"南向政策"是"为了避免对大陆过度集中的风险，将统合国内业者在海外投资的资源，以进行整体性的海外投资策略。而东南亚地区因为资源丰富、劳力充沛、土地低廉等条件，所以成为此一策略考量下的目标地区"。①

1994年到1996年，台湾当局推出了第一轮"南向政策"。1994年1月，台湾经济部门核定《加强对东南亚地区经贸工作纲领》，作为南向政策的具体工作计划，其要点是：(1) 调查研究东南亚地区经贸动态及研究相应对策措施；(2) 扩大对东南亚双边贸易，包括鼓励厂商在东南亚各国建立行销据点；(3) 加强双边投资及技术合作，推动台湾与东南亚厂商建立策略性联盟，促请东南亚国家建立台商投资服务中心；(4) 有效增进双边经贸实质关系，包括运用海合基金加强经贸关系。② 1995年，台湾当局将"南向政策"实施范围从东盟6国扩大到南亚的印度、巴基斯坦、孟加拉国、斯里兰卡，以及缅甸、老挝、柬埔寨等7国。③ 第一轮的"南向政策"在一定程度上推动了台商对东南亚的投资，台商对东南亚投资的比重从1993年的8.9%提高到1996年的17.3%。1994年至1996年，台商在东盟6国的投资总额达127.74亿美元，超过了台商在大陆的批准投资总额98.31亿美元。第一轮"南向政策"的实施曾在一定程度上抑制了台湾资本对祖国大陆的投资和促

---

① 台湾《工商时报》1993年11月10日报道。

② 台湾《经济日报》1994年1月15日。

③ 冯邦彦、赖文凤："台湾当局'南向政策'透视"，《暨南学报（哲学社会科学）》2003年第6期。

进了台湾资本向东南亚地区的投资。①

1998年，台湾当局又推出了第二轮“南向政策”。1998年1月，台湾经济部门制定了《加强对东南亚及澳新地区经贸工作纲领》，3月台湾当局行政部门通过了《加强推动对东南亚经贸合作行动方案》，具体措施包括：（1）缓解台商融资困难；（2）促进与东南亚国家的双边贸易；（3）加强推动往东南亚地区的投资；（4）通过国际合作增进东南亚地区的金融稳定。② 台湾当局推动的第二轮“南向政策”原定实施至1999年底，但是受到东南亚金融风暴的冲击，以及东南亚各国政局动荡的影响，加上印尼发生排华暴乱，使台湾当局推动的第二轮“南向政策”到1998年9月就被迫草草收兵，以失败告终。

（三）台湾当局“务实外交”的本质与效果

李登辉任内积极推行“务实外交”政策，其本质是李登辉分裂主义路线的体现，客观上严重危害了两岸关系，理所当然地遭到中国政府和中国人民的坚决反对。1993年中国政府发表的《台湾问题与中国的统一》白皮书中指出：“近几年，台湾当局在国际上竭力推行所谓‘务实外交’，谋求同一些与中国建交的国家发展官方关系，推行‘双重承认’，达到制造‘两个中国’、‘一中一台’的目的。对此，中国政府坚决反对。”③ 实际上，“务实外交”的推行也并没有给台湾当局的对外关系和国际活动空间带来多少效用，台湾当局在“外交”上的困境日益严重，“务实外交”的推行也越来越困难。

1. 台湾当局“务实外交”政策的本质是李登辉分裂主义路线的体现。

台湾当局把推动“务实外交”政策的基本目标确定为7个方面：“一、捍卫国家主权及国际法人地位。二、争取国际生存与发展空间，增进国家安全与经贸利益。三、确保两千三百万人民之民主、自由、繁荣与尊严。四、维护旅外国人及侨民权益，争取侨社侨团向心。五、促进区域和平、安全与合作发展。六、善尽国际责任，回馈国际社会。七、经由两岸先后的民主

---

① 汪慕恒：“台湾当局的‘南向政策’评析”，《台湾研究集刊》1999年第1期。

② 台湾《工商时报》1998年3月5日。

③ 《台湾问题与中国的统一》，《人民日报》1993年9月1日。

化、法制化与现代化，营造有利于创造民主、自由、均富新中国之国际环境”。① 台湾当局把所谓“捍卫国家主权及国际法人地位”放在“务实外交”目标的首位，可见其核心是要在国际社会突破“一个中国”框架和凸显台湾“主权独立国家”的地位。

在20世纪90年代初，台湾当局还极力为“务实外交”辩护，认为“务实外交”的手段与“国家统一”的目标并不矛盾，甚至认为“务实外交是确认‘一个中国’国策的前瞻性、开创性的做法”。但是随着时间的发展，李登辉分裂主义的政治面目日益暴露，台湾当局“务实外交”的政治本质也越来越为世人所认识。

第一，“务实外交”政策建立在所谓两岸“分裂分治”的理论基础之上。

由于两岸关系的特殊性，台湾当局的“外交政策”与大陆政策是密不可分的。李登辉推行“务实外交”政策，建立在两岸“分裂分治”的分裂主义理论基础之上。首先是放弃了蒋氏父子长期坚持的“汉贼不两立”的“一个中国”的主张；其次要求承认两岸“分裂分治”的现状，必须确认“中华民国在台湾”和“中华人民共和国在大陆”的事实；最终通过重新定位两岸关系，在国际上突出海峡两岸对等的政治地位。

第二，“务实外交”的目的是在国际上凸出“中华民国是主权独立国家”的政治地位。

由于国际社会对于“一个中国”的认同日益普遍，越来越多的国家承认“中华人民共和国政府是代表全中国的唯一合法政府”，使得台湾当局在争夺中国代表权的斗争中处于明显的下风。台湾当局开始放弃了与大陆争夺中国代表权的政策，要求以“中华民国在台湾”的身份在国际社会确立其政治地位，在国际上宣扬“中华民国是主权独立国家”。1990年9月，李登辉在接受美国记者访问时表示：“中华民国是一独立主权国家，虽然在国际上受到中共刻意的孤立与打击，但并不能否定我们的成就与存在的事实，我们自应

① 台湾“外交部外交年鉴”编辑委员会编：《“中华民国八十八年外交”年鉴》。参见台湾当局“外交部”网站，http：//multilingual. mofa. gov. tw/web/web _ UTF－8/almanac/almanac1999/mo2/b. htm

以更积极、务实的态度，突破现局，开创新境。”[①] 为了突显“中华民国”的存在，李登辉通过推行“务实外交”，频繁在国际上宣扬“中华民国在台湾”、“在台湾的中华民国”、“中华民国是主权独立国家”等等分裂主义言论。

第三，“务实外交”客观上造成“两个中国”、“一中一台”的混淆视听的恶果。

台湾当局的“务实外交”政策，以弹性、务实为借口，不断挑衅中国政府坚持的“一个中国原则”，企图在双边关系上实现“双重承认”，在国际组织中达成“双重代表权”，客观上将造成“两个中国”、“一中一台”的事实。“务实外交”政策与祖国统一的进程背道而驰，引起了两岸关系的紧张与对立，使海峡两岸在国际社会的斗争日益激烈，严重损害了台海地区和亚太地区的和平稳定，违背了海峡两岸中国人的利益。

2. “务实外交”并没有给台湾当局的对外关系和国际活动空间带来多少效用。

20世纪90年代，台湾当局不遗余力推行“务实外交”政策，企图实现“外交突破”，但实际上并没有给台湾当局的对外关系和国际活动空间带来多少效用。台湾当局砸下重金，拉拢了一些小国与其建立“邦交关系”，使其“建交国”大致保持在29国左右，但较为重要的几个国家在90年代均先后与台湾当局“断交”，其中包括1990年7月沙特阿拉伯与台湾当局“断交”、1992年8月韩国与台湾当局“断交”、1997年12月底南非与台湾当局“断交”，台湾当局所剩的“建交国”大多为中美洲、非洲和大洋洲的小国，依赖“金钱外交”加以维系。随着大陆综合实力的增强，国际影响力的上升，台湾当局的“金钱外交”难以为继，必然面临日益艰困的“邦交”处境。

---

① 台湾“外交部外交年鉴”编辑委员会编：《“中华民国八十年外交”年鉴》，1991年10月出版，第766、767页。

表 3：台湾当局“邦交国”变化情况（1988 年—2000 年） 单位：个

年份	“邦交”数	“建交国”	“断交国”
1988 年	22		乌拉圭
1989 年	26	巴哈马、利比里亚、格林纳达、贝里斯	
1990 年	28	几内亚比绍、莱索托、尼加拉瓜	沙特阿拉伯
1991 年	29	中非	
1992 年	29	尼日尔	韩国
1994 年	29	布吉纳法索	莱索托
1995 年	30	冈比亚	
1996 年	30	塞内加尔	尼日尔
1997 年	29	圣多美和普林西比、乍得	巴哈马、南非、圣卢西亚
1998 年	27	马绍尔群岛	中非、几内亚比绍
1999 年	29	马其顿、帕劳	

资料来源：台湾淡江大学国际事务与战略研究所 2004 年吴宛玲硕士论文《“李登辉总统务实外交”政策之研究（1988—2000）》，第 78、109 页。

台湾当局参与的国际组织和国际活动以民间组织和民间活动为主，虽然台湾当局把“务实外交”的重点放在争取参与政府间国际组织和政府间国际活动方面取得突破，但是由于台湾当局坚持分裂主义政治路线，台湾当局参与政府间国际组织的活动遭到中国政府和中国人民的坚决反对，尤其是连续挫败了台湾当局企图“加入联合国”和“加入世界卫生组织”的分裂主义活动。20 世纪 80 年代末，台湾参与的政府间国际组织有 10 个，到 2000 年台湾当局参与的政府间国际组织仅增加为 16 个，包括：亚洲开发银行（ADB）、中美洲银行（CABEI）、国际棉业咨询委员会（ICAC）、国际畜疫会（OIE）、亚洲生产力组织（APO）、亚非农村发展组织（AARDO）、亚太粮食肥料技术中心（FFTC/ASPAC）、东南亚中央银行总裁联合会（SEACEN）、国际种子检查协会（ISTA）、亚洲蔬菜研究发展中心（AVRDC）、亚太科技合作协会（ASCA）、亚洲税务管理暨研究组织（SGATAR）、亚太经济合作（APEC）、亚洲选举官署协会（AAEA）、亚太防制洗钱组织（APG）及国际防制洗钱组织（艾格蒙联盟，Egmont Group）等。另外较为重要的是，1995 年 1 月 1 日世界贸易组织（WTO）成立后，1 月 31 日给予台湾当局观察员身份，12 月 1 日台湾当局进而申请加入世界贸易组织。

表 4：台湾参加国际组织及其国际活动统计（1991 年—2000 年）

年份	国际组织（个）			国际会议（次）			国际活动（次）
	总计	政府间	民间	总计	政府间	民间	
1991 年	779	10	769	2346	23	1323	155
1992 年	793	12	781	1277	63	1214	140
1993 年	819	12	807	1385	80	1305	63
1994 年	864	12	852	1212	113	1099	67
1995 年	905	12	893	1101	112	989	64
1996 年	922	13	909	1454	149	1305	525
1997 年	930	13	917	1501	133	1368	514
1998 年	959	16	943	1386	112	1274	494
1999 年	978	16	962	1330	101	1229	313
2000 年	1004	16	988	1569	127	1442	506

资源来源：台湾当局“外交部”编印：“中华民国九十年外交统计年报”第 66、67 页。

3.“务实外交”理所当然地遭到大陆的坚决反对。

李登辉主导下的台湾当局推行的“务实外交”政策，是分裂主义路线的重要表现。台湾当局的“务实外交”政策，从一开始就遭到中国大陆的坚决反对。早在 1989 年，大陆方面就明确指出：“台湾当局推行所谓‘弹性外交’（或‘实质外交’），搞‘双重承认’，制造‘两个中国’或‘一中一台’的图谋是绝对不可能得逞的。”① 1995 年 1 月，江泽民同志在《为促进祖国统一大业的完成而继续奋斗》的讲话中明确指出：“我们反对台湾以搞‘两个中国’、‘一中一台’为目的的所谓‘扩大国际生存空间’的活动。”②

1995 年 6 月，李登辉不顾海内外中国人的反对，执意访问美国，并在康

① 参见“外交部关于中止同格林纳达外交关系的声明”、“外交部就中止同利比里亚外交关系发表的声明”，原载《人民日报》1989 年 8 月 8 日、1989 年 10 月 11 日，《台湾问题重要文献资料汇编（1978. 12——1996. 12)》，红旗出版社，1997 年版，第 246、247 页。

② 江泽民：“为促进祖国统一大业的完成而继续奋斗”，《人民日报》1995 年 1 月 31 日第 1 版。

奈尔大学发表演讲，鼓吹分裂。祖国大陆对李登辉的言行展开了系统而严厉的批判，指出：“李登辉的‘拓展国际生存空间’，显然与一个中国的原则背道而驰，与海峡两岸走向和平统一的目标背道而驰，与人们维护亚洲与世界和平的愿望背道而驰。这样的‘拓展国际生存空间’，当然是我们坚决反对的。”① “务实外交”挑衅了“一个中国原则”，破坏了台海和平，危害了两岸关系，阻碍了祖国统一的进程，也损害了台湾同胞的实际利益，得不到海内外中国人的支持。“务实外交”是没有前途、没有出路、必然挫败的政策。

事实上，在反对台湾当局在国际上制造“两个中国”、“一中一台”的活动的同时，祖国大陆也充分理解台湾同胞参与国际活动的需求，对于台湾同外国之间的民间往来和经济、文化交流不持异议。“按照国际法，一个主权国家只能有一个中央政府代表这个国家。台湾作为中国的一部分，它在国际上无权代表中国，不能与外国建立健全外交关系和发展具有官方性质的关系。但考虑到台湾经济发展的需要和台湾同胞的实际利益，对台湾同外国的民间经济、文化往来，中国政府不持异议。”②

第二节　李登辉推动台湾“宪政体制”改革

20 世纪 80 年代以后，岛内外的政治环境发生急剧的变化。中美正式建交使台湾当局陷入空前的“外交”困境。岛内民主运动风起云涌，国民党当局不得不开始推动政治革新，台湾开始进入了多党政治的时代。蒋经国去世后，李登辉成为台湾当局的执政者，为了巩固和扩大权力，李登辉借助民进党的力量，开始推动台湾的“宪政改革”。

（一）20 世纪 80 年代以来台湾社会要求政治改革的呼声日益高涨

由于国民党政权退据台湾之后，为了维持所谓的“中华民国法统”，停止了所谓“中央民意代表”的改选，也解除了“总统连选连任只能两届”的限制，造成了“万年国代”、“资深立委”、“终身总统”的弊病，引起了台湾

---

① 人民日报评论员、新华社评论员：“国际社会绝无‘台独’生存空间——二评李登辉在康奈尔大学的演讲”，《人民日报》1995 年 7 月 25 日。

② 《台湾问题与中国的统一》，《人民日报》1993 年 9 月 1 日。

民众的普遍不满。要求“中央民意代表全面改选”成为20世纪70年代末以来台湾党外民主运动的重要政治诉求，在台湾社会产生了巨大的号召力。1978年10月，黄信介等人组织成立“台湾党外人士助选团”，10月31日，台湾党外人士助选团公布“台湾党外人士共同政见”，提出了“十二大政治建设”的主张，其中第一条就提出了“中央民意代表全面改选、省市长直接民选、军队国家化、禁止派党工控制学校、开放报纸杂志、开放党禁”等主张。1983年12月，在“增额立委选举”过程中，党外人士以“1983年党外人士竞选后援会”为名提出了10条共同政见，其中提出了“废止临时条款、解除戒严令、全面普选中央民意代表、省市长民选”等主张，将斗争的矛头直接指向了台湾当局的“宪政体制”。1986年9月，民进党成立，发表了包括“基本纲领”、“行政纲领”、“竞选纲领”三个部份的党纲，在“基本纲领”中，民进党提出了对“民主自由法政秩序”的系统论述，要求台湾当局贯彻保障人权、人民主权、分权与制衡、政党政治、政治自由的原则；在“行动纲领”中，民进党明确主张“取消党禁、解除戒严、废止临时条款、全面改选中央民意代表、省市长民选”等主张；在12条“竞选纲领”中，民进党更加明确地提出“立即解除戒严、废止临时条款、中央民意代表全面改选、总统直接民选、省市长直接民选”等要求。在反对力量的呼声和台湾民众的压力下，国民党被迫加快政治革新的步伐，宣布自1987年7月15日零时起，解除台湾地区长达38年的“戒严”。但是金门、马祖地区仍然迟至1992年11月7日零时起才“解除戒严”，结束长达36年的所谓“战地政务”。

随着民进党的成立，要求“国会全面改选”的呼声越来越高。1987年11月15日，民进党在台北龙山寺举办“民主圣火长跑、国会全面改选”活动，展开了环岛接力长跑的“国会全面改选”运动。1987年12月25日，国民党当局举行“庆祝行宪40周年”大会，民进党趁机发起要求“万年老贼下台、国会全面改选”的大型示威活动，指责代表国民党“老法统”的共有1190人，“这些人的平均年龄都在76岁以上。有的人需使用轮椅，有的人要用心律调整器，有的人要提尿袋，有的人只能身在病床上打点滴。”① 民进党动员了5万群众包围台北市中山堂，造成台北市西门町南北铁路中断数小时。

1988年，李登辉继任“总统”后表示要继续推动政治革新。民进党则继续推动“国会全面改选”运动，给国民党当局施加压力。3月29日，民进党发动群众在台北市举办“三二九国会改选圣火慢跑活动”，动员各地支持者数千人参加，与警方发生激烈冲突。12月25日，民进党在台北新公园举办了“国会全面改选、百万人签名”誓师大会。1989年1月13日，民进党中央党部举办“国会全面改选、百万人签名运动”。在反对党和民意的压力下，1989年1月20日，台湾“立法院”三读通过“动员戡乱时期人民团体法”，承认了反对党的合法地位。国民党当局被迫采取优抚的方式劝退“资深民代”，1月26日，台湾“立法院”通过了“第一届中央民意代表自愿退职条例”，从3月1日开始，“资深民代”可以办理自愿退职，每人最高可领新台币546万元退职金。由于“资深民代”的退职待遇优厚，引起民进党的不满，批判“资深民代”是“老贼”。1989年1月29日，民进党举办了“国会全面改选、万年老贼下台”的示威游行活动。

虽然国民党当局为了劝退“资深民代”编列了优厚的退职金，但是仍有相当多数的“资深民代”处于观望状态，或不愿退职。1990年2月，国民党内主流派与非主流派为了争取“总统、副总统”职位掀起“二月政争”。3月，“资深国代”利用选举“总统、副总统”的机会要求增加出席费，要求扩大职权，要求“国大”每年集会一次行使创制、复决权，并且提案修改“临时条款”，引起了台湾社会各界的强烈反对。3月13日，“国大”第一审查委员会一读通过了“临时条款修正案”，将现任“增额国代”任期延长为九年，并且规定“国大每年自行集会一次”。3月14日，近百名台大学生组成“台大学生民主行动联盟”，到国民党中央党部抗议，要求“立即解散国民大会，召开制宪会议”。3月16日，台大学生开始在台北“中正纪念堂”静坐抗议，17日，参加静坐的学生不断增加，扩及台湾各大专院校，部份台

① 张富忠、张万兴编著：《绿色年代——台湾民主运动25年（1975——1987）》（上册），INK印刻出版有限公司，2005年版，第292页。

大教授也发起罢课行动。18 日，参加静坐的台湾大专院校学生明确提出了“解散国民大会、废除临时条款、召开国是会议、订定政经改革时间表”四大诉求。3 月 19 日，部分静坐学生发起绝食行动。3 月 20 日，静坐学生增加到 5000 人左右；同一天，李登辉指示李焕、蒋彦士、李元簇、宋楚瑜成立“国是会议”先期筹备小组。3 月 21 日上午，李登辉由“国民大会”选举为第八任“总统”，当天国民党中常会通过了李登辉有关结合社会贤达、政党人士、学者专家等召开“国是会议”研讨“宪政体制、政治革新、国家统一”等问题的提议。同时，静坐学生在“中正纪念堂”广场树起一支象征“三月学运”自主性、草根性、纯洁性精神的野百合花。3 月 21 日晚，李登辉会见学生代表，承诺将在就职前后召开“国是会议”，并将在“就职演说”中提出政改时间表和公开表扬学生。3 月 22 日下午，静坐学生全部撤离“中正纪念堂”，号称“野百合运动”的三月学潮和平落幕。在各界的反对声中，“国大代表”未敢通过“国大”自肥性质的“临时条款修正案”。3 月 30 日，“国大”闭幕，李登辉在致词中表示：“我们的国土不容分裂，我们统一中国的目标，尤不容动摇。”①

(二)“国是会议”的召开

在三月学潮的压力下，李登辉推动召开“国是会议”，并且借机打压党内非主流派，巩固其政治地位。国民党当局成立了 25 人组成的“国是会议筹备委员会”，由“总统府资政”蒋彦士任召集人，施启扬任秘书长，董世芳、邱进益、马英九担任副秘书长；国民党党内还成立了“国是会议研究小组”，由中常委林洋港、李焕担任共同召集人。对于是否参加“国是会议”，民进党内是有矛盾的，美丽岛系主张参加，新潮流系表示反对。1990 年 3 月 26 日，民进党中常会针对“国是会议”提出三项决议，要求“国是会议”筹备委员名额按比例分配，主张：“对于中央民意代表退职、省市长民选、终止戡乱时期、废除临时条款、释放政治犯、废除黑名单等问题，朝野已有共识，只须订出实施时间表立即着手施行，不须在国是会议中再讨论。”② 4 月 2 日，李登辉与民进党主席黄信介会面，黄信介不仅推崇李登辉“英明”，而

① “李总统强调：统一中国目标不容动摇”，台湾《中国时报》1990 年 3 月 31 日第 1 版。
② “民进党坚持依政党实力配置名额”，台湾《中国时报》1990 年 3 月 27 日第 2 版。

且强调：“民进党绝对愿意善尽责任，全力促成国是会议的顺利成功”。李登辉则明确承诺有关“宪政改革”的主要目标“应可在两年内完成”。① 4月3日，李登辉选聘了蒋彦士、黄信介等25人为“国是会议”筹备委员。但在此同时，民进党公布了秘书处主任郑宝清起草的“台湾基本法草案”全文，一方面回避了统“独”议题，另一方面提出了民进党的“宪政改革”主张，包括“采取总统制、单一国会制”，主张重定台湾地方制度，将台湾地区重新划分为5省及2市等。1990年6月2日，民进党中执会在美丽岛系的坚持下，决议推派代表参加“国是会议”，但是，民进党主张全面“制宪”，彻底改变“中华民国”的“法统”。此后，民进党提出了“民主大宪章”草案，并在6月20日的民进党中常会中通过，作为民进党参加“国是会议”的“宪政改革”方案。

1990年4月14日至6月23日，“国是会议”筹委会先后召开了8次会议。4月11日，“国是会议”筹委会召开了第一次会议，确定了“国是会议”召开的具体时间及地点。4月21日，“国是会议”筹委会召开了第二次会议，确定了“国是会议”研讨的五大议题：“（1）国会改革问题；（2）地方制度问题；（3）中央政府体制问题；（4）宪法（含临时条款）之修订方式有关问题；（5）大陆政策与两岸关系问题。”② 4月27日，李登辉首度就“宪改”问题发表意见，认为“宪法代表中华民国精神之所在，绝不能作大变动，只能小幅修订”；“宪法本文不宜动，可修改临时条款，并改变一个形式，列在宪法本文之后，成为宪法的附加条款”。③ 5月5日，“国是会议”筹委会召开了第三次会议，通过了“国是会议出席人推荐办法”，将出席人数确定为120人；5月6日，又通过了“国是会议议事规则及国是会议日程表”，决定会议原则上采取“广泛发言、纪录异议，不表决”的方式进行。5月19日，“国是会议”筹委会召开了第五次会议，确定了94位出席人名单。6月13日，“国是会议”筹委会召开了第七次会议，正式公布了150位出席人名单。为了扩大“国是会议”的民意基础，台湾当局还通过设置“国是信箱”及

① “李总统回应黄主席：两年内完成宪政改革”、“李黄会谈国民会议歧见消解大半”，台湾《中国时报》1990年4月3日第1版、第2版。

② “宪法问题在不预设结论下进行”，台湾《中国时报》1990年4月22日第2版。

③ 台湾《联合报》1990年4月28日报道。

“国是热线电话”、办理民意调查以及举办分区座谈、学者座谈、海外座谈、青年座谈等形式广泛征求各界意见。

1990 年 5 月 20 日，李登辉宣誓就任“第八任总统”，在就职演说中，李登辉表示：希望“能于最短期间，依法宣告终止动员戡乱时期。同时，参酌多年累积的行宪经验与国家当前的环境需求，经由法定程序，就宪法中有关中央民意机构、地方制度及政府体制等问题，作前瞻与必要的修订”，“以两年为期，促其实现”。① 1990 年 6 月 21 日，台湾当局的“司法院大法官会议”作出“释字第 261 号”解释文，认为：“为适应当前情势，第一届未定期改选之中央民意代表除事实上已不能行使职权或经常不行使职权者，应即查明解职外，其余应于中华民国八十年十二月三十一日以前终止行使职权，并由中央政府依宪法之精神、本解释之意旨及有关法规，适时办理全国性之次届中央民意代表选举，以确保宪政体制之运作。”② 至此，深为台湾社会所批评的“资深中央民意代表”退职问题得以解决。

1990 年 6 月 28 日，“国是会议”在台北圆山大饭店揭幕，李登辉在开幕致词中表示：“本次国是会议即以‘健全宪政体制’及‘谋求国家统一’为两大目标”。“我们深知，宪政改革是突破当前发展瓶颈的关键，中国统一则是所有中国人一致的愿望。登辉确信，宪政必须改革，也必将改革；中国必须统一，也必将统一。”③ 会议举办前许多学者退出了会议，实际报到参加会议的有 141 人，台湾舆论认为会议本身已经为国民党和民进党所操纵，演变成为以李登辉为首的国民党主流派与民进党内部分势力联手对付国民党非主流派的会议。“国是会议”共举行了 6 天，至 7 月 4 日闭幕。在会议过程中，各种政治势力进行了激烈的争辩，国民党主张“修宪”，民进党主张“制宪”；“制宪”派又分为主张制定“民主大宪章”和制定“中华民国基本法”两种不同意见。最后，“国是会议”总结出了关于大陆政策问题、关于“宪法修订问题”、关于“国会改革”问题、关于体制问题、关于地方制度问题

① 台湾当局“行政院新闻局辑印”：《开创未来——迈向中华民族的新时代》，台北，沈氏艺术印刷股份有限公司，1992 年版，第 4、5 页。

② 参见台湾“司法院大法官”网站，

http://www.judicial.gov.tw/constitutionalcourt/p03_01.asp?expno=261

③ “李总统：务使改革目标如期如计达成”，台湾《中国时报》1990 年 6 月 29 日第 2 版。

的5份报告。在“宪改”问题上，会议达成了第一届“中央资深民意代表”全部退职；终止“动员戡乱时期”，废止“临时条款”；修改“宪法”；“总统”民选；省市长民选等重要共识。

（三）“一机关两阶段修宪”

1990年7月，“国是会议”结束后，国民党内第一次成立“宪政改革策划小组”，由李元簇担任召集人，负责研拟“修宪”方案和推动“宪改”。“宪政改革策划小组”还分设“法制”与“工作”两个分组，分别由“司法院长”林洋港与“总统府资政”邱创焕担任召集人。在此同时，民进党却相对应地成立了“制宪运动委员会”，由时任党主席的黄信介担任召集人，政策研究中心主任黄煌雄担任执行长，目的是推动“国是会议”共识的落实，宣扬民进党的“制宪”主张。1990年9月10日，李登辉在与黄信介的密谈中保证在一年内宣告终止“动员戡乱时期”；12月25日，李登辉在“行宪纪念大会”致词中表示将“在明年5月间宣告终止动员戡乱时期”。国民党当局希望通过终止“动员戡乱时期”，一方面，维护内部的政治稳定，实现“宪政体制、法律体制”的正常运作；另一方面，缓和两岸关系，结束两岸在法律上的“敌对状态”，推动两岸关系正常化的进程。

1991年1月7日，国民党“宪改策划小组”决议采取“一机关两阶段修宪”的方式，在“宪法”本文之后修订“宪法增修条文”，并且决定在4月中旬召开“国大临时会”。所谓“一机关两阶段修宪”，一机关即“国民大会”，两阶段即：第一阶段先由第一届“国大”召开临时会，进行“程序性修宪”，赋予第二届“国大”选举和“修宪”的法源；第二阶段由选举产生的第二届“国大”进行“实质性修宪”。但是国民党内非主流派李焕、林洋港、梁肃戎、蒋纬国等人主张“一机关一阶段修宪”；“资深国代”邱增鉴等人组成的“护宪委员会”也公开与国民党中央对抗，试图推翻“释字第261号”解释文；民进党则坚决反对“资深国代”参与“修宪”，还成立了“保卫台湾委员会”，以监督“宪政改革”与两岸关系的发展。为了缓和国民党内非主流派及其“资深民代”对于李登辉试图走“独台”路线的疑虑，台湾当局把“宪政改革”与国家统一相互联结，认为“宪政改革是为国家统一打下坚实的基础。”1991年1月21日，国民党秘书长宋楚瑜在与“资深国代”座谈中，公开了国民党对于“宪改”确定的五项基本原则，即：“一、坚持中华民国法统，也就是维护中华民国宪法；二、坚持中国统一的基本政策；三、维护五权宪法的基本架构；四、坚持修宪而不制宪；五、中华民国宪法本文不动，订定增修条文。”① 2月23日，台湾当局“国家统一委员会”又通过了“国家统一纲领”。

1991年2月26日，李登辉颁布了“国民大会临时会议召集令”，确定在1991年4月8日召开“第一届国民大会第二次临时会议”。3月27日，国民党中常会通过了由“宪改策划小组”起草的九条“中华民国宪法增修要点”，作为国民党籍“国大代表”参与“修宪”的依据。1991年4月8日，第一届“国民大会”第二次临时会在阳明山中山楼正式召开，明确主要两项任务：修订“宪法增修条文”和废止“动员戡乱时期临时条款”。1991年4月16日，民进党退出“国大临时会”，4月17日，民进党发动了2万多名支持者走上台北街头游行示威，高呼“反对老贼修宪”的口号。然而，在国民党中央的强力主导下，4月22日“国大临时会”完成“修宪”的三读程序，通过了“中华民国宪法增修条文”，并废除“动员戡乱时期临时条款”。4月24日，“第一届国民大会第二次临时会”闭幕，李登辉表示“达成了宪政改革的阶段性目标”。

1991年4月30日，李登辉正式公布10条“宪法增修条文”，同时公告终止“动员戡乱时期”，废止“动员戡乱时期临时条款”，自1991年5月1日零时起生效，台湾终于结束了长达40多年的“动员戡乱体制”。第一阶段“修宪”的主要内容包括：规定“中央民意代表”选举的方式；确认第二阶段“修宪”的时程；修改“总统”发布紧急命令的程序；保留“国安会”、“国安局”、“人事行政局”三机关的法源；确立制定两岸关系法律的依据等。李登辉在记者会中表示：“我们今后将视中共为控制大陆地区的政治实体，我们称它为大陆当局或中共当局。”②

第一阶段“宪改”完成后，1991年8月，国民党中央第二次成立“修宪策划小组”，推动第二阶段“宪改”，由李元簇担任召集人，下设研究和协调两个分组，分别由施启扬和蒋彦士担任召集人。国民党也展开了“国代候选

① 台湾《中央日报》1990年1月22日报道。
② 台湾《中央日报》1990年5月1日报道。

人”的党内提名作业，李登辉对国民党内提名人表示：“第二阶段的修宪工作是否能如期如计的完成，就要取决于各位是否能在年底国大的选举中，争取到3/4以上的席次”。① 11月13日，国民党中常会通过了“第二届国民大会代表选举中国国民党候选人共同主张”，列出了15项具体的主张，包括“我们主张‘修宪’而不‘制宪’；我们主张修改现行总统选举方式，以充分表达民意；我们主张省长、直辖市长直接民选”等等。1991年8月，在民进党主导下举办了所谓的“台湾人民制宪会议”，通过了“台湾宪法草案”，以“台湾共和国”为“国号”，并且随后被民进党中常会列为肩负“修宪”责任的第二届“国代”党籍候选人的共同政见。

1991年12月21日，台湾地区举办了第二届“国代”选举，共有18个政党、637名候选人参与角逐325席“国代”名额。选举结果，执政的国民党获得大胜，赢得了254席，得票率为71. 14%；民进党获得了66席，得票率为23. 94%。加上“增额立委”席次，国民党在第二届“国大”中占有绝对优势，总席次为318席，席次占有率为78. 9%，超过了“二届国大”总席次403席的四分之三的多数，完全主导了第二阶段“修宪”的方向。根据“司法院大法官会议”第261号解释，1991年12月31日，占据职位达43年之久的“第一届资深中央民意代表”全部退职，在台湾社会长期引起争议和不满的“万年国会”问题得以解决。

“总统”选举方式是第二阶段“宪改”争议的焦点。国民党最初倾向于“委任直选”，而民进党主张“公民直选”。所谓“委任直选”是指由选民委托“国代”投票产生“总统”，而“公民直选”是指由选民直接投票选举产生“总统”。1992年3月，李登辉推翻了国民党内“修宪策划小组研究小组”提出的“委任直选总统”的方案，导致非主流派主张“委任直选”与主流派主张“公民直选”的矛盾激化。3月初国民党“修宪策划小组”针对“总统选举方式”展开了多场激烈的争辩，国民党主流派大多支持“公民直选”，国民党非主流派的郝柏村、李焕、邱创焕、梁肃戎、蒋纬国、俞国华、许历农、何宜武等人主张“委任直选”。非主流派认为“总统选举方式攸关国家认同”，质疑“公民直选缺乏全中国代表性，并有附和民进党主张之嫌”。蒋

① 台湾《中央日报》1991年10月30日报道。

纬国认为“台湾选出的总统不能代表全中国，总统直选与宣布台独无异”，因此他反对“公民直选制”；而梁肃戎则认为“台湾的政治情况特殊，公民直选等于举行公民投票，今后中华民国就仅以台湾为诉求目标”①。由于主张“委任直选”与“公民直选”的双方旗鼓相当，国民党“修宪策划小组”在李登辉的指示下把“公民直选”和“委任直选”以两案并陈方式提交国民党中常会核定。3月9日，国民党临时中常会针对“总统选举方式”展开了长达7个半小时的辩论，主张“委任直选”和“公民直选”的双方依然争辩不休，“总统”选举方式成为国民党流派之间权力斗争与路线斗争的重要议题，染上了流派之争、权力角逐、统“独”分歧、省籍矛盾的浓厚色彩。

1992年3月14日至16日，国民党举行“十三届三中全会”，党内的“委任直选派”与“公民直选派”产生了严重的分歧，进行了激烈的辩论，15日双方进行了长达8个半小时的争辩。主张“委任直选”的李焕指出：“委任直选具有极重大的政治意义——就是维持五权体制与全中华民国总统的意义。”他认为：坚持“修宪”有两个基础必须肯定：“修宪有二个基础必须肯定：第一，中国只有一个，就是中华民国；第二，宪政体制的五权架构要维持，带回大陆再大幅修改。”邱创焕也强调：“民进党主张公民直选，其步骤就是进一步要废除国大，选出台湾的总统，和中华民国切断关连。”② 在非主流派声势浩大地反对下，主流派不敢强行表决。为了暂时平息党内争议，国民党不得不作出妥协，“十三届三中全会”通过的“宪法增修条文增订要点”和“对第二届国民大会临时会代表同志政治任务之提示修正案”，就讨论和争议最多的“总统选举方式”作出决议：“应由中华民国自由地区全体选民选举之，其方式应依民意趋向，审慎研定，自中华民国85年第九任总统、副总统选举施行。”③ 显然，国民党采取了调和矛盾的态度，对“公民直选”与“委任直选”未作定论。

根据第一阶段“修宪”的结论，1992年3月20日，第二届“国大”召开第一次临时会。虽然民进党在会场内外不断地进行暴力抗争，发动了

① “总统选举方式　执政党修宪策划小组最后攻防战”，台湾《中国时报》1992年3月9日第3版。

② “三中全会爆发‘世纪大辩论’”，台湾《中国时报》1992年3月16日第2版。

③ “总统选举方式依民意审慎研定”，台湾《中国时报》1992年3月17日第1版。

“419 大游行”，提出“总统直选”等诉求，5 月 4 日民进党“国大党团”甚至宣布退出“修宪”；“台湾教授协会”也在 5 月 24 日举办了“废国大、反独裁”大游行，宣扬所谓“制定新宪法”的主张。但是，国民党仍在 5 月 27 日主导完成“修宪”三读，通过“宪法增修条文”第 11—18 条。第二阶段“修宪”的主要内容包括：“国大”与“总统”任期调整为四年；“总统、副总统”从第九任起改由直选产生，但对于“委任直选”或“公民直选”没有达成共识；“国大”增加人事同意权；“监察院”由准民意机关改为准司法机关，“监察委员”改为“由总统提名，经国民大会同意任命之”；省市长改为民选等等。5 月 30 日，历时 72 天的“二届国大临时会”闭幕，李登辉在闭幕致词中保证：“必将依本次会议的精神与共识，对须待继续研究的各项问题，于适当时期召集国民大会临时会，再作周详的讨论决定”。①

（四）“总统直选”的争议与 1994 年 7 月第三次“修宪”

由于第二次“修宪”未能解决“总统、副总统”选举方式采取“公民直选”或“委任直选”，国民党内的主流派与非主流派之间围绕“总统”选举方式的斗争愈演愈烈，民进党也积极介入国民党的流派之争，在“总统公民直选”的议题上与国民党内的主流派相呼应，非主流派在社会舆论的压力下逐渐放弃了“委任直选”的主张。

由于国民党内意见分歧，为了稳定党内团结局面，1992 年 9 月 20 日，李登辉与国民党籍“国代”餐叙时提出：“当前重要的课题，不是讨论宪法如何修正的问题，而是要如何落实宪法的精神”，“不要年年修宪，成为世界各国的笑柄”。10 月 5 日，国民党“宪政研究小组”的“策划小组”召开了第一次会议，主张“国大临时会任务应单纯化，只宜就监察委员提名行使同意权，而不应修宪”②。11 月，非主流派的“国代”成立“国大松柏联谊会”，目的是推动“委任直选”。

1993 年 1 月，李登辉在除夕前后的讲话中表示：“去年一年中我们最大的成就是完成了宪政的改革”，1993 年“是我们全面落实宪政改革的关键

① 台湾当局“行政院新闻局”辑印：《李“总统”登辉先生“八十一年”言论选集》，第 78 页。

② 台湾《中国时报》1992 年 10 月 6 日第 2 版。

年”。1993 年 4 月 8 日，李登辉在会见民进党籍“国代”时表示：“明年一定要完成宪政改革”。[①] 1993 年 11 月 16 日，李登辉在接受《中国时报》专访时表示：“现在公民直选已经没人会反对了”，“总统直选已经是朝野全民的共识”。[②] 在李登辉“公民直选”主张的激励下，民进党“国大”党团和“立法院”党团进一步要求“总统提前直选”，1993 年 12 月 8 日，国民党副主席郝柏村在国民党中常会坚决反对“总统”提前直选及双首长制。

1993 年 12 月 9 日，“国安会秘书长”施启扬公开表示，“维持五权宪法架构”、“结合当前国情需要”、“小幅修宪”是 1994 年第三阶段“修宪”的三项原则；“确定总统选举方式”、“立委任期改为 4 年”及“确定总统直选后的政府体制”则是此次“修宪”重点所在。[③]“既是小幅修宪，两流派之间的修宪争执便相当有限，最大的差异在于，主流派倡导总统公民直选以及适度缩减行政院长之副署权；而非主流派则主张总统委任直选，并反对缩减阁揆副署权。”[④] 1993 年 12 月，国民党第三次成立“修宪策划小组”，由李元簇担任召集人，施启扬担任执行秘书，下设咨询顾问小组，准备进一步“修宪”；“修宪策划小组”第一次会议即决定“宪法”本文不动的情况下，以重新修订“增修条文”的方式进行“修宪”。在国民党“修宪策划小组”的十三名成员中，仅郝柏村、林洋港为非主流派人士，主流派已经取得了绝对的主导权。1994 年 1 月 21 日，国民党“修宪”咨询顾问小组开会达成“总统选举方式以公民直接选举产生”的共识，并提报“修宪策划小组”。1994 年 2 月 16 日，国民党“修宪策划小组”经过讨论，针对“总统”选举方式，在“几乎一致同意”的情况下，作出了支持“公民直选”、采取相对多数当选制的决定，使国民党内“委任直选”与“公民直选”之争基本落下帷幕。

国民党“修宪策划小组”先后召开了 11 次会议，向国民党中央提出“修宪”建议方案。1994 年 4 月 18 日，国民党召开临时中常会，讨论通过了 8 条“修宪内容要点”，其间虽然李焕主张“总统、副总统”经公民直选后，

---

① “李总统：明年定要完成宪改”，台湾《中国时报》1993 年 4 月 9 日第 2 版。

② “总统直选是台湾政局安定的最后一关”，台湾《中国时报》1993 年 11 月 17 日第 2 版。

③ 台湾《自由时报》1993 年 12 月 10 日报道。

④ 李炳南编著：《不确定的“宪政”——第三阶段“宪政”改革之研究》，台北市·扬智文化事业股份有限公司，1998 年第 1 版，第 22 页。

应再交由“国大”认可，但未被采纳。此后，郝柏村表达了坚决反对削减“阁揆副署权”的态度，新同盟会则支持“总统委任直选”，“避免台湾地区因为总统直选付出沉重的社会成本，同时避免有心人将政局导向台独路线。”① 而部分国民党非主流派的“国代”则连署提案，要求“总统不得兼任任何党职”，明订“因应国家统一前之需要，台湾地区不得独立”。民进党“国代”则坚决反对“国大设置议长”的方案，认为：“国大设置议长既不符国民大会为非常设机构的本质，也是国民党为安抚部分党籍国代的扩权主张，而采取利益交换的恶果”。② 1994 年 4 月 23 日至 24 日，国民党召开临时中全会，通过了包括“总统、副总统公民直选”、“缩减阁揆副署权”等七项“修宪案”，被称为“党七条”。虽然仍有部分非主流派人士反对“公民直选总统”，但“公民直选”成为国民党内的主流意见。

1994 年 5 月 2 日第二届“国大”第四次临时会召开，主要任务是“修宪”以及行使“司法院长、副院长和大法官”的人事同意权，李登辉在致词中表示：“这次修宪，除了宪法增修条文第十二条第二项尚未决定的总统、副总统选举方式必须处理外，若干民众关切的或体制实际动作显示确有需要再补强之处，亦待充分讨论，凝聚共识。”③ 虽然民进党屡屡杯葛抗议，但是在国民党的主导下，7 月 29 日三读通过 10 条“宪法增修条文”。其主要内容包括：“总统、副总统”由选民直选产生，采相对多数当选制；对“总统、副总统”的罢免须由选民投票过半数同意；“国大”设议长、副议长等等。

（五）1997 年 7 月第四次“修宪”

随着岛内多元化政治的发展，国民党在“立法院”和“国民大会”的席位下降，国民党的执政地位受到民进党和新党的挑战。1995 年 12 月台湾第三届“立委”选举之后，“立法院”出现了“三党实质不过半”的局面，执政的国民党不仅受到在野党的强力挑战，而且受到党内反对派的牵制。1996 年 2 月 1 日，第三届“立委”宣誓就职，在“立法院长”选举中，民进党和新党合作，共同推出民进党主席施明德、国民党籍少数民族“立委”蔡中涵

① “新同盟会表态支持总统委任直选”，《中国时报》1994 年 4 月 22 日第 2 版。

② “国大设议长？民进党国代与部分学者抨击”，《中国时报》1994 年 4 月 23 日第 2 版。

③ 台湾《中国时报》1994 年 5 月 3 日报道。

搭档，挑战国民党的正副“院长”刘松藩、王金平，国民党的“立法院长”人选经过三轮投票才以1票优势保住了“院长”职位。这就是所谓的1996年“二月政争”。

1996年3月23日，李登辉、连战当选“正、副总统”。李连就职后，李登辉受到党内反对势力的掣肘，只好让连战继续兼任“行政院长”。在野的民进党和新党对连战的“副总统兼行政院长”的身份提出质疑，认为是“违宪”，抵制连战进入“立法院”作施政报告，抵制预算案的审查，发起了“六月政改”。1996年6月11日，“立法院”以85票对65票表决通过“谘请总统尽速提名行政院长，并谘请立法院行使同意权”案。1996年12月31日，依据“立委”郝龙斌、张俊雄等人的申请，台湾“大法官会议”作出“释字第419号”解释文，一方面，认为“惟此项兼任如遇总统缺位或不能视事时，将影响宪法所规定继任或代行职权之设计，与宪法设置副总统及行政院院长职位分由不同之人担任之本旨未尽相符。引发本件解释之事实，应依上开解释意旨为适当之处理。”另一方面，又认为“立法院”6月11日作出的决议“逾越宪法所定立法院之职权，仅属建议性质，对总统并无宪法上之拘束力。”① 由于该解释文模棱两可，国民党解读为“合宪”，在野党解读为“违宪”，台湾朝野政党之间的对立和纷争依旧未能化解。

3月份，在“总统”直选的同时，“国大”也进行了改选，选出了第三届“国大代表”。选举结果，在334席“国代”中，国民党获得183席，占54.8%；民进党获得99席，占29.5%；新党获得44席，占14.1%；此外，绿党获得1席，无党籍获得5席。选举结果不仅使得国民党无法再单独主导“修宪”，而且李登辉在激烈的政争中也无法在“国民大会”作“国情报告”。无论是在“立法院”，还是在“国大”，表现在行政与立法之间的朝野关系陷入政治僵局。“正是在这样的现实背景下，李登辉为了能顺利执政，急于通过‘修宪’在政治体制上理顺政党之间的尖锐矛盾，解决‘行政院’与‘立法院’的僵局，实现政局长期稳定的目的。”②

① 台湾“司法院大法官”网站，http://www.judicial.gov.tw/constitutionalcourt/p03_01.asp?expno=419

② 张文生：“台湾第四次‘修宪’与岛内政治斗争”，《台湾研究集刊》1997年第4期。

为了化解政治僵局，李登辉在 1996 年 5 月 20 日的“就职演说”中承诺：“将尽快责成政府，针对国家未来发展的重要课题，广邀各界意见领袖与代表，共商大计，建立共识，开创国家新局。”① 李登辉极力拉拢民进党合作“修宪”，7 月 1 日，新任的民进党主席许信良赴“总统府”与李登辉密谈，双方就合作“修宪”进行了暗中交易。许信良提出“冻省”和政党补助金的要求与李登辉取消“阁揆同意权”的要求相交换。许信良的作为被民进党人士称为“夜奔敌营”，民进党内许多人对于许信良与国民党紧密合作的做法不满，林义雄还发起了罢免党主席许信良的活动。

此后，台湾当局开始着手规划，在 1996 年 8 月 17 日成立会议前置工作小组，8 月 29 日由李登辉亲自定名为“国家发展会议”。10 月，台湾当局还组成了多党派筹备委员会，先后召开了四次会议，决定了“国发会”的三项议题：(1)“宪政体制”与政党政治；(2) 两岸关系；(3) 经济发展。1996 年 12 月 23 日至 28 日，台湾当局会集三党一派代表（国民党、民进党、新党和学者专家以及无党籍代表）170 人召开了所谓的“国家发展会议”，其间 27 日新党宣布退出“国发会”。国民党与民进党经过讨价还价，达成所谓 192 项共识，其中“宪政体制”与政党政治方面有 22 项，包括取消“立法院”的“阁揆同意权”、冻结省长与省议员选举、停止乡镇市级选举等“修宪”共识。在台湾当局召开“国发会”之前，1996 年 12 月 14 日至 15 日，以号称“台独教父”的彭明敏为会长的“建国会”还召开了所谓“台湾国家发展会议”，用“民间版国发会”的形式和“官方版国发会”互别苗头，目的是鼓吹“台独、制宪”。

在“国发会”上，国民党与民进党相互合作，国民党提出了所谓“改良式混合制”的主张，目的是取消“立法院阁揆同意权”，并且接受了民进党的“冻省”和停止五项公职人员选举的要求。“冻省”即“停止省长、省议员选举”并全面精减省一级机构和职权，停止五项公职人员选举包括停止“国代”、省长、省议员、乡镇市长、乡镇市级民代的选举。“国发会”形成的“冻省”和停止五项公职人员选举的方案，对国民党的政治生态及地方派

① “李登辉就职演说全文”，参见全国台湾研究会、姜殿铭主编：《台湾 1996》，九洲图书出版社，1997 年版，第 496 页。

系冲击最大，省方和地方派系的政治经济利益得不到保障，所以，从一开始就遭到台湾省政府、省议会和地方人士的激烈反弹，1996年12月31日，台湾省长宋楚瑜愤然以辞职表达对“冻省”决策的不满。1997年3月17日和18日，台湾省方人士召开了“台湾省发展会议”猛烈炮轰“国发会”的“冻省”共识，主张保留台湾省政府及省议会，并且反对取消乡镇市长选举。

1997年5月5日台湾“国民大会”正式召集会议举行第四次“修宪”，各种政治势力围绕着“修宪”问题展开了激烈的斗争。地方政治势力组成了“反冻省”阵营，台湾省议会的国民党党团串联新党及无党籍省议员连署“反冻省、反废省共同声明”，得到“国大”次级团体“祥和会”的声援。“祥和会”公开挑战国民党的党版“修宪案”，反对“冻省”，反对“国代”由政党比例产生，质疑7月前完成“修宪”的必要性。1997年6月10日，台湾315个乡镇市代表会的主席、副主席在台中集会，反对废除各乡镇市民代表选举。“祥和会”的“国代”有42人，与新党联手有可能使“修宪”搁浅，给国民党中央主导的“宪改”方案造成威胁。为了使“冻省案”能顺利过关，国民党中央软硬兼施，威逼利诱，一方面，李登辉亲自出马约谈“国代”，并动员地方党部对“反冻省”的“国代”进行劝说；另一方面，祭出党纪，给“反冻省”最力的“国代”吕学樟停止两年党权的处分。由于国民党的全力围堵，“反冻省”阵营被瓦解。

在“修宪”过程中，国民党与民进党也进行了激烈的斗争，经过了反反复复的多次协商，相互之间讨价还价，几乎陷入僵局。国、民两党“国代”最后达成所谓14条“修宪”共识。然而，1997年6月28日，民进党九人“修宪”协商小组突然抛出“四大坚持”作为底线，内容包括：（1）删除“解散及倒阁权于立法院新任期第一年内不得行使”的规定；（2）“总统”选举采用相对多数制；（3）停止五项公职人员选举应订落日条款；（4）要求“公投入宪”。其中关键的第二条被认为是“陈水扁条款”，陈水扁本人指出“国民党若不能接受就拉倒”。[①] 国、民两党经过多次协调，最后达成了“两阶段修宪”的共识，第一阶段处理冻省等无争议性的议题，第二阶段再处理“公投入宪”、“总统选制”等争议性议题。

---

① 台湾《联合报》1997年6月29日。

1997年7月18日，在国民党和民进党的合作下，历经两个多月，“国大”三读通过11条“宪法增修条文”，其中的主要内容包括：“行政院长”由“总统”任命，取消“立法院”的“阁揆同意权”；冻结省长、省议员选举；增列“立法院倒阁权”及“总统”解散“立法院”的设计等等。7月21日，李登辉到“国大”提出“国情报告”，宣称这次“修宪”的成就“反映了广大民众的希望”、“创下了朝野合作的先例”、“为巩固民主建设，留下亮丽的一笔”。① 台湾当局进行第四次“修宪”的目的是想理顺行政与“立法”关系，然而由于“冻省”条款的通过以及“总统”选举相对多数制的保留，使得国民党进一步走向分裂，为2000年国民党的败选埋下了伏笔。7月24日，“国大”闭幕后，国、民两党高层密集会商，在台北国宾饭店签署十四项“修宪”协议书，双方同意将国民党主张的“总统选制采绝对多数制”与民进党主张的“公投入宪案”等议题，列为“本届总统”任满前再度“修宪”的优先议题，也为李登辉下台之前再次“修宪”留下了预案。

（六）1999年8月第五次“修宪”和2000年4月第六次“修宪”

由于在第四次“修宪”中未能实现民进党主张的“公投入宪”的目标，民进党仍极力推动第五次“修宪”。1998年7月22日，民进党提出两阶段“修宪”的六大主张：“（1）公民投票入宪；（2）废除乡镇市长及代表选举；（3）立法委员妇女四分之一参政保障；（4）立法院听证、调阅权的确立；（5）立法委员任期四年；（6）国民大会代表选举改为政党比例代表选举方式，并逐渐予以废除国民大会，达到单一国会的目标。”② 但是民进党的“修宪”要求遭到李登辉的反对，李登辉认为“今年不是修宪适当时机”、“宪法不必年年修”。1998年8月初“国大”“修宪二读会”否决了14项“修宪提案”。1998年12月11日，李登辉在“国大”答复“国是建言”时承诺“有关国会体制改革的修宪工作将在明年中完成”。此后，部分“国代”提出“总统、国代延长任期”以达成“总统、国代、立委任期一致”的方案，遭到民进党和新党的坚决反对，新党谴责延长“国代”任期无异于“自肥”；

---

① 台湾《中央日报》1997年7月22日。

② “提公投入宪等六主张 民进党力主完成二阶段修宪”，台湾《中国时报》1998年7月23日第4版。

民进党则重申“单一国会一院制、废除国民大会”的立场。在各界的强烈反弹下，李登辉被迫公开表态“绝对不会修宪延长总统的任期”。

1999年1月4日，时任台湾当局“内政部长”的黄主文表示：“单一选区两票制、公民投票和总统选举采行绝对多数或相对多数，将是这次修宪的三大议题。”① 3月初，民进党成立“宪政改革决策协调会”，研拟党版“宪改”方案。4月中旬，国民党成立由23人组成的“修宪策划小组”，由国民党副主席连战担任召集人。国民党主张对“公投入宪”明定排除民族自决及统独议题，民进党则反对设定排除条款，双方在“公投入宪”问题上产生较大分歧。1999年4月，陈水扁表示：“举办公民投票并不一定要先入宪，也不一定要先有公投法。”“公投入宪是民进党既定的努力目标，若能入宪最好，但入宪并非公投唯一必要条件。”他主张“公投入宪时绝不能另设排除条款，否则将可能陷入‘自己拿石头砸脚’的困境”。②

1999年5月7日，李登辉颁布“国大”第四次会议召集令，“国大”从6月8日起召集会议进行“修宪”。民进党认为“今年修宪的首要任务，是从改造国民大会着手，藉以启动宪政改革的新契机”，民进党对国民党提出三项“宪改”主张，即“一废（废国大）、二反（反对党营事业、反对中央集权）、三要（要公投入宪、社会权入宪、妇女四分之一参政保障条款入宪）”。③ 然而，“国大”开议后，国、民两党的“国代”不顾两党中央的反对，共同提案，将“国代延任案”列为第一号“修宪案”。但是在其它议题上，国、民两党“修宪”协商却未能取得共识，6月29日两党动员表决通过“国大”暂停会议一个月，至7月29日复会。

1999年7月9日，李登辉抛出“两国论”，把两岸关系定位为“国家与国家，至少是特殊的国与国关系”，并准备进一步分阶段“修宪”、修法和废除“国统纲领”。李登辉暗中授意“国大”议长苏南成，策划通过“国大”冻结“宪法”，制定“台湾基本法”，准备以“两国论”为基础进行“修宪”，“确定国家领土范围为台澎金马”。民进党的“总统参选人”陈水扁也趁机呼

---

① “黄主文：选制、公投 今年修宪主议题”，台湾《中国时报》1999年1月5日第2版。

② “陈水扁：入宪并非公投唯一必要条件”，台湾《中国时报》1999年4月12日第2版。

③ “民进党：宪改主张若无回应 退出会议”，台湾《中国时报》1999年5月30日第2版。

应，认为：“既然台湾、中国是两国关系，宪法上的国家固有领土和疆域理应配合修正，将台湾定位为政治实体的国统纲领，亦必须扬弃。”① 7月14日，国、民、新三党“国大党团”邀请学者专家及社会人士共同举办“宪改扩大咨询会议”，针对“两国论”等议题展开辩论。7月底，“国大”复会后，民进党“国代”试图提案要求“国大”决议“中华民国领土为台澎金马及其附属岛屿”，以落实李登辉的“两国论”，但遭到国民党的反对。由于“两国论”在国内外引起轩然大波，引起海内外中国人的高度警惕，遭到中国政府和人民的坚决反对，台湾当局不得不表示“没有所谓制定基本法的问题”，“两国论没有入宪的必要”。②

虽然国民党中央和民进党中央都三令五申，极力反对“国代”延长任期，但是多数“国代”出于自身利益考虑，坚持推动“国代延任案”。民进党高层也有以“国代延任”交换“冻结国大”的声音，使得民进党“国大党团”召集人刘一德的提案，即“国代延任至2002年并改为依政党比例产生”方案顺利列入二读程序。1999年9月4日凌晨，“国民大会”完成二读会后，连夜三读通过了“国代延任案”，把第三届“国大代表”的任期由四年延长为六年多，即延任到2002年6月30日与第四次“立委”选举同时依政党比例代表制产生。“国大延任案”通过后，遭到台湾社会各界的指责和批判，认为延任案是“国代自肥”性质，是“违宪”行为。9月7日国民党中央考纪会作出决议，9月8日国民党中常会通过开除苏南成党籍案。1999年10月28日，“立法委员”郝龙斌等人就“国代延任案”声请“司法院大法官”解释。2000年3月24日，“司法院大法官”会议作出“释字第499号解释”，认为“国大”第五次的“修宪”行为及其通过的“延任案”是“违宪”的，不具有法律效力。

第五次“修宪”被认定为“违宪”无效之后，“国大”面临必须改选的局面。然而，在2008年3月18日的“总统、副总统”选举中，民进党候选人陈水扁、吕秀莲得票率为39.3%，国民党候选人连战、萧万长为23.

---

① “阿扁促修宪落实两国论”，台湾《中国时报》1999年7月15日第2版。

② “李总统：国民党绝不支持总统、国代延任案”，台湾《中国时报》1999年8月12日第1版。

10％，独立参选人宋楚瑜、张昭雄得票率为36．84％。3月底，得票排名第二的宋楚瑜筹组亲民党，并准备投入“国代”选举。为了防范亲民党借“国代”选举之机巩固票源，国、民两党达成共识，双方同意“国民大会”自2000年5月20日起走向虚级化、非常设化。2000年4月8日，“国大”匆匆集会重新“修宪”，4月24日完成三读。第六次“修宪”后，“国大”虚级化，“国大”多数职权转移到“立法院”，台湾当局的“宪政体制”发生了重大变化，形成所谓实质上的“单一国会制”。“国大”虚级化后，仅剩对于“宪法修正案”、“国土变更案”、“总统、副总统弹劾案”的三项复决权；这三项职权由“任务型国代”行使，依政党比例代表制选举产生，总额为300名，必须在一个月的期限内行使复决权；“国大”其余权力则划归“立法院”。2000年5月20日，“国民大会”随着李登辉走入了历史。李登辉时期的“十年宪改”，从1991年4月8日“国大”临时会开始“修宪”以来，终于划上了句号。

（七）对于20世纪90年代李登辉推动台湾“宪改”的评析

20世纪90年代，李登辉推动台湾“宪改”的过程漫长而复杂。经过六次“修宪”，虽然所谓的“中华民国宪法”本文并没有动，但是台湾的“宪政”体制已经出现了巨大的变化。不可否认，李登辉主导的90年代台湾“宪改”具有适应台湾社会多元化、政治民主化的现实需要，然而，在六次“修宪”的过程中，始终或明或暗地存在着激烈的统“独”对立和斗争。“‘修宪’的结果不仅解决了台湾当局的‘法统’危机，理顺了其内部的‘宪政体制’，更为其今后以‘中华民国在台湾’的这一可统可独的‘独台’政策为出发点的各项政策、法律的制订提供了‘宪法’依据。”① 在台湾当局推动“宪改”的过程中，虽然不乏李登辉撇清“台独”的相关言论，然而，事实证明，此后李登辉和岛内“台独”分子的许多分裂主义主张都以“终止动员戡乱时期”、“中央民意代表及总统直选”、“冻省”、“废国大”等作为法理依据。1999年5月8日，民进党全代会通过了“台湾前途决议文”，民进党在前言部分就开宗明义宣称：“1992年的国会全面改选、1996年的总统直接

① 盛健、党朝胜：“试论台湾‘宪改’的法律作用”，《台湾研究》1995年第1期。

民选、以及修宪废省等政治改造工程，已使台湾事实上成为民主独立国家。”①

1999年7月9日，李登辉表示：“1991年修宪以来，已将两岸关系定位在国家与国家，至少是特殊的国与国的关系”，因为“我国在1991年修宪，将宪法的地域效力限缩在台湾，承认中华人民共和国在大陆统治权的合法性，立法委员及国大代表仅从台湾人民中选出，总统、副总统亦改由台湾人民直接选举，国家权力统治的正当性只来自台湾人民的授权”②。李登辉的“两国论”大张旗鼓地以“修宪”作为理论依据，完全抛开了“宪改”过程中的种种撇清“台独”的相关言论。“两国论”是李登辉对其20世纪90年代“修宪”的阶段性总结，即使台湾当局在90年代“修宪”之初并没有明确的“两国论”取向的分裂主义目标，然而，“台独、分裂”势力试图通过“宪改”建构“一中一台”的目的依然明确，李登辉主导下的“宪改”不仅成为分裂主义的理论基础，而且是李登辉时期分裂主义路线的重要体现。

90年代之初，台湾社会揭开“宪改”序幕，台湾社会就形成了“修宪派”、“基本法派”和“制宪派”等代表三种立场的政治势力。其中，“制宪”与“修宪”之争始终贯穿了台湾90年代的“宪改”过程，其背后所涉及的是统“独”对立的国家认同争议。“台独”势力把“制宪”当作完成“建国”的重要手段和目标。为了推动“制宪”，1990年7月，民进党成立“制宪运动委员会”，并在1991年6月成立“人民制宪会议筹备委员会”。1991年8月24日、25日，由民进党、无党籍、学术界及社会各界组成的所谓“人民制宪会议代表”180人，在台湾大学法学院国际会议厅举办了所谓的“台湾人民制宪会议”，经过两天喧嚣的讨论，通过了所谓“台湾宪法草案”，并且随后被民进党中常会列为肩负“修宪”责任的第二届“国代”党籍候选人的共同政见。1991年10月，民进党召开“五届一次全代会”，更进一步将“制定新宪法”的主张写入党纲，提出“依照台湾主权现实独立建国，制订新宪，使法政体系符合台湾社会现实”，“依照台湾主权现实重新界定台湾国家领域主权及对人主权范围”。1994年6月和8月，台湾“国大”举行第三次

① “民进党台湾前途决议文”，台湾《联合报》，1999年5月9日第4版。

② “李总统：两岸是特殊的国与国关系”，台湾《中国时报》1999年7月10日第1版。

“修宪”期间，民进党再次主导召开第二次“台湾人民制宪会议”，将“台湾宪法草案”更名为“台湾共和国宪法草案”，并且公然选出所谓“台湾共和国”的“新国旗”和“新国歌”，举办“新国家、新国旗、新国歌”游行。

李登辉主政期间，每一次“修宪”，都是李登辉利用本土意识，借助民进党的力量，打击党内的非主流势力，一步一步地巩固和扩大权力的过程。1996 年 5 月以前，李登辉与党内非主流派的斗争就夹杂着深刻的统“独”意识形态分歧。随着台湾政局的发展，以李登辉为首的台湾当局，不仅客观上越来越难以抗拒民进党等政治势力的“宪改”诉求，而且主观上也越来越愿意接受“台独、分裂”势力的某些“宪改”主张。1994 年第三次“修宪”确立了“总统公民直选”的法源基础。虽然“公民直选”的主张反映了台湾民众要求直接民主的强烈愿望，但是许多台湾有识之士也指出：“总统直选”与“台独路线”有着无法切割的联系。曾任国民党中评委的赵文艺直言：“直选会造成台独。”曾任“立法院长”的梁肃戎也认为：“直选确实有‘台湾人总统’的顾虑。”① 1994 年 3 月 18 日，在“修宪策划小组”听取意见的会议中，郝柏村宣读据称是民进党的“台独密件”，提醒党内注意民进党推动直选，以达到“台独”的真正企图。② 此后，岛内“台独”、分裂势力屡屡以台湾直选“总统”为理由来证明所谓台湾的“主权独立地位”，则反证了当年许多人士的担心并非没有道理。

1996 年李登辉连任以后，李登辉与宋楚瑜之间的矛盾围绕着“冻省”议题展开，依然是与统“独”意识形态斗争相互交错。1996 年底“国发会”召开之前，以民进党为主力的“废省”、“冻省”诉求在台湾甚嚣尘上。台湾省作为“中华民国法统”的象征，“台独”势力必欲去之而后快，“冻省”成为实践“台独”路线的象征，因此“废省”、“冻省”议题一时成为岛内统“独”斗争的焦点。

1997 年台湾第四次“修宪”完成后，民进党把“公投入宪”作为下一步“修宪”的重点。民进党领导人陈水扁在竞选台湾地区领导人的过程中就扬言，如果当选，将“让公民投票入宪”。“公民投票”是民进党“台独党纲”

① “宪法小修不如不修”，台湾《中国时报》1994 年 4 月 1 日第 2 版。

② 台湾《联合报》1994 年 3 月 19 日。

的重要内容，既是民进党实现“自决、新宪法、新国家”的手段，也是民进党追求“台独”的重要目标。国民党顶不住所谓“民主潮流”的压力，主张“公投”部分将明定排除“民族自决”及统“独”等问题，但是国民党排除统独的“公投入宪”显然只是自欺欺人的做法，无法阻挡民进党把“公投”当作“住民自决”的政治手段。“公投入宪”不仅给两岸关系，而且给台湾社会埋下了无法预测的定时炸弹。

1999年台湾第五次“修宪”过程中，李登辉抛出“两国论”，并且进行“两国论入宪”的试探。台湾媒体即披露：“国大延任只是新台湾修宪大业中的‘权宜手段’；联手承包新台湾修宪工程的两造，终极目标应该在于‘冻结现行宪法，另订台湾基本法’。”“订定‘台湾基本法’意味必须冻结宪法，冻结宪法意味两国论根本无须入宪，基本法本身即是两国论的完美展现。”①由于海内外中国人的反对和国际社会的不支持，李登辉未能实现依据“两国论”进一步“修宪”、修法、废除“国统纲领”的目标。但是却暴露出岛内“台独、分裂”势力利用“宪改”手段推行“法理台独”的险恶用心。

① 伍崇韬：“宪改工程终极目标：冻结宪法 另订台湾基本法?”台湾《中国时报》1999年9月6日第2版。

结　语

台湾是中国领土不可分割的一部分，这是天经地义、无可置疑的客观存在和法理事实。这样的事实也体现在台湾至今依然有效的“宪法”和法律中。在李登辉继任之初，台湾当局也曾经明确承认和确认这样的事实。然而，由于台湾社会的特殊历史环境，这个无可辩驳的政治和法理事实却在台湾民众中产生了认知上的异化。李登辉当政的时期正是台湾社会政治转型的关键时期，台湾社会在政治上逐渐走上了多元化、自由化、本土化的道路。但是，伴随着台湾社会的政治转型，台湾社会的“台独、分裂”思潮日益泛滥，作为当权者的李登辉不仅不予断然遏止和正确引导，相反却基于个人权力和地位的政治需要加以利用和扶植，乃至最终形成危害巨大的李登辉分裂主义政治路线。一方面，李登辉分裂主义政治路线的产生和发展，是台湾社会意识对于台湾特殊的社会存在的反映；另一方面，李登辉分裂主义政治路线的推行，给台湾社会带来了深刻的政治影响，也给两岸关系带来了严重的后果。在李登辉分裂主义政治路线的推波助澜下，近年来台湾民众的政治认同显得越来越混乱而迷茫。李登辉分裂主义政治路线带来的最大恶果，是“台湾认同”的日益“台独化”倾向。根据台湾《中国时报》的民调，1990年10月，51.2%的台湾民众明确主张两岸统一，然而，随着台湾社会政治的变迁，支持统一的比例逐年下降，至1998年7月，台湾民众支持统一的比例只有12.2%。这不能不说是李登辉分裂主义政治路线推波助澜造成的恶果。

建构主义理论认为身份决定利益，利益决定行为，身份成为一个核心变量。认同（Identity）问题，即身份问题，是人们在社会存在中的基本的自我定位，是解决台湾问题所面临的核心因素。两岸统一，无论采取何种方式——和平方式或非和平方式，最终都必须解决台湾民众的政治认同问题。人们在生存过程中，面对种种自然环境与社会环境的压力，不断地形成自我意识，寻找“我是谁？我是什么？我来自哪里？我要往何处去？我怎么了？”

等种种问题的答案，构成了人们对于自我的身份认知，形成文化的、社会的、政治的自我认同。“认同是人们意义与经验的来源”①，人们在寻找自我认同的过程中获得生存的意义与群体的结合。政治认同则是人们在政治生活中的自我归属。“人们在社会政治生活中产生一种感情和意识上的归属感。它与人们的心理活动有密切的关系。人们在一定社会中生活，总要在一定的社会联系中确定自己的身份，如把自己看作某一政党的党员，某一阶级的成员、某一政治过程的参与者或某一政治信念的追求者等等，并自觉地以组织及过程的规范来规范自己的政治行为。这种现象就是政治认同。”② 政治认同的核心是国家认同，但是国家认同则包含政治认同与文化认同两个层面，“政治认同和文化认同都是国家认同的重要层面，他们共同创造了公民对国家忠诚的感情”。③

两岸关系中的政治认同问题，也就是关系到台湾民众对于自身的文化属性、民族属性、政党属性、国家属性的认知，其核心是台湾民众的国家认同，是影响台湾民众统独倾向的关键因素。海峡两岸的统一，最终必须实现台湾民众对于中华民族认同、对于中国认同、对于中国政府认同的回归，只有解决台湾民众政治认同的疏离问题，才能最终实现两岸的和平统一。

蒋氏父子统治时期，海峡两岸虽然政治上对立，军事上对抗，但是蒋氏父子仍然毫不迟疑地坚持“一个中国”的原则。李登辉改变了蒋氏父子统治时期所坚持的代表全中国的“中华民国”概念，以所谓“中华民国在台湾”、“中华民国是台湾”、“台湾是一个主权独立国家，名字叫中华民国”、“中华民国是一个主权独立国家，主权与治权仅及于台澎金马”等等相似的主张型塑新的国家认同，使得台湾社会“中华民国认同”与“台湾国家认同”日益重叠，“中华民国”日益成为“台湾国”的代名词。日本学者若林正丈恰如

① 曼纽尔·卡斯特著，夏铸九、黄丽玲等译：《认同的力量》，社会科学文献出版社，2003 年版，第 2 页。

② 《中国大百科全书·政治学》卷，中国大百科全书出版社 1992 年版，第 501 页。

③ 江宜桦：《自由主义、民族主义与国家认同》，台湾扬智文化事业股份有限公司 1998 年版，第 90 页。

其分地以“中华民国台湾化”① 的概念形容李登辉当政以来的台湾政治发展。政治认同的混乱、分歧和对立，不仅造成了台湾社会的统“独”矛盾和省籍冲突，而且使得两岸统一的道路困难重重，亚太和平与安全频频处于危机的边缘。

李登辉当政时期，基于社会发展的潮流以及权力斗争的需要，台湾当局继续推动台湾社会的自由化、本土化、多元化的发展。但是，由于李登辉执行分裂主义的政治路线，对民进党等“台独”势力的政治主张和政治活动采取了纵容、利用和吸纳的策略。一方面培植了民进党支持者的所谓“李登辉情结”，另一方面也扶持了“台独”势力和“台独”活动的进一步扩张。对于民进党的“台独”主张，对于“台独”势力的活动，台湾当局虽然曾经表示要加以惩处，但是实际上以思想、言论、政治自由为借口，日益纵容，甚至扶植。李登辉继任不久，即与海外“台独”分子彭明敏暗中联系，采纳了彭明敏的政治建议。李登辉还逐渐放宽乃至最终开放海外“台独”分子及“台独”组织返台的限制，使得“世台会”、“台独联盟”等海外“台独”组织及其成员纷纷返回台湾进行“台独”活动。1992 年 5 月，台湾当局通过了“刑法 100 条修正案”，彻底解除了“台独”言论、主张与活动在台湾社会传播的法律障碍。“台独”思潮，借助于台湾选举的各种传播手段，在台湾社会日益泛滥和升级。“台独”不仅成为民进党的意识形态在台湾社会合法存在，而且也成为李登辉借机加以利用，进行岛内权力斗争的政治工具。

李登辉在岛内推行分裂主义政治路线，一边扶植“台湾认同”，一边打压“中国意识”，造成台湾社会政治认同的日益迷失。根据台湾政治大学选举研究中心的历年台湾民众重要政治态度民调显示，从 1992 年到 2000 年，虽然认同自己既是中国人又是台湾人的比例维持在 45%左右，但是中国人认同的比例大幅下跌，而台湾人认同的比例大幅上升。1992 年 6 月，台湾民众认同自己为中国人的比例为 26.2%，认同自己是台湾人的比例为 17.3%；2000 年 6 月，台湾民众认同自己为中国人的比例下跌了一半，只有 13.1%，

① 日本东京大学若林正丈教授对“中华民国台湾化”的定义是：“以‘正统中国国家’为前提建构的战后台湾国家的政治结构（国家体制、政治体制、国民统合意识形态）转变成为附合 1949 年后只统治台湾的政治现实的结构的过程。”转引自 2010 年 3 月 24 日若林正丈教授在厦门大学台湾研究院演讲稿。

而认同自己是台湾人的比例上升了一倍多，达 36.9%。这从另一个侧面反映了李登辉分裂主义政治路线在台湾社会产生的恶果，即“中国意识”越来越淡薄，而且成为政治不正确的代名词；相反，“台湾认同”却越来越浓厚，而且成为政治正确的标杆。虽然“台湾同胞爱乡爱土的台湾意识不等于‘台独’意识”，但是由于“台独”势力对于“台湾意识”的歪曲和利用，“台湾意识”却可能成为滋生“台独意识”的温床。

当然，李登辉的分裂主义政治路线也使得国民党付出了沉重的政治代价。2000 年 3 月 18 日，台湾地区领导人选举，台湾民众对李登辉时代的政治路线作出了最后裁判，李登辉的分裂主义政治路线终于让国民党“自食其果”。正如台湾《联合晚报》前社长黄年指出的：“一向以‘两手策略’见长的李登辉，将原有的‘国民党传承’，与新兴的‘台湾本土传承’，交替运用得出神入化；但是，竟然在十二年后的一夕之间，一方面将‘国民党传承’的社会精神正统地位输给了宋楚瑜，另一方面又将‘台湾本土传承’的社会精神正统地位输给了陈水扁。”① 在李登辉分裂主义政治路线的长期误导下，台湾社会形成了“台湾优先、台湾第一”的政治标杆作为判断政治正确与否的标准。在 2000 年台湾地区领导人选举过程中，受到李登辉分裂主义政治路线的鼓励，李登辉的大批政治亲信转向支持陈水扁，给两岸关系带来了 8 年的政治僵持与台湾经济长期衰退的恶果。

李登辉分裂主义路线的形成与发展历史暴露了李登辉在政治上不可救药的投机主义性格。他曾经参加中共，后来退出了；他曾经是彭明敏的好朋友，但彭明敏选择对抗国民党，而李登辉选择加入国民党；他曾经信誓旦旦地表示反对“台独”，下台后却与“台独基本教义派”为伍，号称“台独教父”；他曾经与宋楚瑜“情同父子”，因为“修宪冻省”而反目成仇；他曾经表示要协助陈水扁执政而出面组织“台联党”，后来因“扁宋会”而与陈水扁恶言相向。李登辉就是一个彻头彻尾的投机政客，在现实的政治中选择对他个人“最有利”的位置，图谋发挥最大的个人影响力，以谋取得最大的利益。为此，他随时准备“以今日之我否定昨日之我”，以李登辉自己的名言叫做“我是不是我的我”，反反复复地自我否认而不至于人格分裂，这正是

① 黄年著：《李登辉总统的最后一千天》，台北联经出版事业公司，2000 年版，第 2 页。

李登辉投机主义政治性格登峰造极的反映。

李登辉分裂主义政治路线的形成与发展，也反映了两岸关系中的核心症结，即“中华民国政治地位”问题。蒋氏父子时期执行“汉贼不两立”政策，海峡两岸当局互不承认，由于双方政治上对立，军事上对峙，民间关系相互隔绝，这样的政策并未给两岸带来更多的困扰。但是李登辉当政后，宣布结束“动员戡乱时期”，开启了两岸两会的事务性商谈，从政治与法律上承认“中华人民共和国”，相对地也要求大陆承认“中华民国”的政治与法律地位。然而，如果出现海峡两岸相互承认对方“国号”、“国旗”、“国歌”、政体、“外交承认”等具有国家象征意义的符号，必然在两岸关系中，甚至在国际社会造成“两个中国”的状况，这是违背“一个中国原则”的，也是大陆所无法接受的。由于这样的争议，使得两岸协商过程中，谈判代表不得不以非官方的身份出现；甚至于协议签署的主体和签署的纪年也不得不采取各自表述的方式。“这样的争议背后所代表的核心问题是：任何事务性谈判，都离不开双方各自所宣称的‘法统’，中华民国法统与中华人民共和国法统。法统的正当性又建构于两岸各有一部宪法，各自拥有完整的区域统治权、政治经济体制，以及人民。”①

2000 年 4 月 28 日，时任“陆委会主委”的苏起在“二十一世纪的台湾发展与两岸关系”研讨会上，提出新的主张，建议以“回到九二共识”取代有关“一个中国”的争执，至于“九二共识”的内容则各自解释。② 以各自表述的“九二共识”的概念来搁置双方的政治争议，是两岸政治分歧难以化解，两岸政治难题不易突破情况下的无奈选择。但是各自表述的“九二共识”的概念并没有真正化解海峡两岸的政治分歧，以至于陈水扁主政期间曾经以“没有共识的共识（agree to disagree)”来形容“九二共识”。陈水扁上台之初，以李登辉路线的继承者自居，也曾经任命“两国论”的始作俑者蔡英文担任“陆委会主委”达 6 年之久，忠实地贯彻执行李登辉的以“两国论”为核心的分裂主义政治路线。苏起就曾经披露，蔡英文担任陈水扁当局

---

① “回到一九九二年，法统对法统的年代”，台湾《中国时报》2000 年 4 月 29 日社论，第 3 版。

② “苏起建议：两岸以九二共识取代一中争执”，台湾《中国时报》2000 年 4 月 29 日第 2 版。

的“陆委会主委”之后，在一个单独晤谈的场合，主动亲口告诉苏起：“今后只做不说，不提两国论，但仍将继续执行两国论。”①

台湾社会经过李登辉12年的统治，及其后民进党籍的“总统”陈水扁的8年统治，“中华民国”的外壳虽然没有改变，原有的“中华民国宪法”依然部分有效，海峡两岸“一国两区”的法理定位依然存在，但是台湾民众的国家认同已经发生了重大的改变。多数台湾民众认知的“中华民国”的内涵已经不同于蒋氏父子时期版图包括大陆和台湾的“中华民国”的内涵。李登辉曾经在《亚洲的智略》一书中表示：“这个‘旧国家’也已经产生本质的变化，现在的中华民国不再是以往的‘民国’，而是拥有崭新内涵的‘新的共和’（New Republic)。”李登辉还以“中华民国第二共和”来定义所谓的“新的共和”，认为：“台湾的认同问题已成熟到‘台湾中华民国’的阶段。中华民国已不再是原来的中华民国，而是‘新的共和’（New Republic)，也就是‘第二共和’”。②

由于李登辉分裂主义政治路线的推波助澜，“在蒋经国晚年即已抬头的台湾认同异化便如决堤洪水四处泛滥起来”③。在“中华民国认同”的掩护下，“台湾认同”更是肆无忌惮的扩张和泛滥，因为“与民进党的‘台湾共和国’相比，李登辉的‘中华民国在台湾’含蓄得多，既能满足少数台独分子的心理要求，又蒙骗了不少认同中国的台湾民众。这种打着虚幻的‘中华民国’旗号，却又明摆着追求分离主义的作法真是令人叹为观止，100年来的台湾认同异化因此进入了一个新的阶段”④。由于李登辉分裂主义政治路线仍然打着“中华民国”的旗号，使得许多台湾民众即使认同“台湾化的中华民国”，但是他们仍然不认为自己是主张“台独”的“独”派，他们承认两岸有特殊的历史、文化、血缘和民族渊源，他们甚至于不排除未来两岸走向“最终统一”。然而，他们认同的现状却是“台湾（中华民国）是一个主权独

① 陆铿、马西屏采访记录：《别闹了，登辉先生》，台北天下远见出版股份有限公司，2001年版，第174页。

② 李登辉、中嶋嶺雄著，骆文森、杨明珠译：《亚洲的智略》，台北远流出版事业股份有限公司，2000年版，第41、42页。

③ 刘国深：“试论百年来‘台湾认同’的异化问题”，《台湾研究集刊》，1995年第3/4期。

④ 刘国深：“试论百年来‘台湾认同’的异化问题”，《台湾研究集刊》，1995年第3/4期。

立国家”。即使是李登辉本人，在2007年1月29日接受《壹周刊》专访时仍然表示，他不是“台独教父”，“我不是台独，也从来没有主张过台独”，但是他却同时表示：“我不必追求台独，因为台湾事实上已经是一个主权独立的国家”①。

“中华民国的台湾化”使得未来两岸政治谈判触及和处理“中华民国政治地位”问题变得更加复杂和困难。“中华民国的台湾化”与“一个中国原则”之间的矛盾更加尖锐。表面上，李登辉分裂主义政治路线仍然保留着“中华民国”的外壳，也没有“废除中华民国宪法”；然而，实质上，内在的国家认同已经发生了根本的变化。

“台独、分裂”的产生具有复杂的社会历史背景，“台独、分裂”的声音和诉求在台湾社会短期内不可能消失。海峡两岸处在不同的政治、经济和社会制度下，相对拥有各不相属的政治体系，相互差异的政治文化，因此，造成了两岸之间政治认同的差异。“几十年来，台湾民众在中华民国这个国号下生活，他们的国籍填的是中华民国，他们的护照上、驾驶执照上写的是中华民国，在他们看来，他们理所当然的是中华民国的国民。”② 两岸政治认同差异的根本原因，是国共内战的法律状态尚未结束，双方也未能达成相互所能接受的政治架构。可以预见，只要两个政治体系互不相属的社会存在仍然持续，台湾社会对于“中华民国”的认同和对于所谓“台湾国”的认同就不可能完全消失。

马克思主义的唯物史观认为，一切社会意识都是社会存在的反映，改变社会意识只有依靠针对社会存在的革命性变迁。马克思在《德意志意识形态》一文中指出：“意识的一切形式和产物不是可以用精神的批判来消灭的，也不是可以通过把它们消融在‘自我意识’中或化为‘幽灵’、‘怪影’、‘怪想’等等来消灭的，而只有实际地推翻这一切唯心主义谬论所由产生的现实的社会关系，才能把它们消灭；历史的动力以及宗教、哲学和任何其他理论的动力是革命，而不是批判。”③ 由于台湾依然存在着分裂主义思潮的政治、

① “李：追求台独是退步且危险的”，台湾《中国时报》2007年2月1日第2版。

② 陈孔立著：《台湾学导论》，台北，博扬文化事业有限公司，2004年版，第319页。

③ 《马克思恩格斯选集》（第一卷），人民出版社，1972年版，第43页。

社会、经济、文化和历史环境，仅仅依靠批判是无法消灭分裂主义的。解决台湾分裂主义社会意识的根本在于改变台湾的社会环境，消除台湾分裂主义意识的社会基础。只有台湾的社会存在发生革命性的改变之后，才能最终消除分裂主义的社会意识。而这要求海峡两岸经历艰苦的努力、长期的交流、密切的融合过程，这个过程也正是两岸关系和平发展的过程。在这个过程中，海峡两岸通过广泛、深入、密切的经贸、文化、社会和人员的交流，促进两岸的社会融合，改变台湾的社会环境，最终争取台湾民众的支持，使台湾广大民众在统“独”的对比中作出正确的抉择。

参考文献

一、中文著作

●大陆

［1］中共中央马克思恩格斯列宁斯大林著作编译局编．马克思恩格斯选集（第一卷）［M］．北京：人民出版社，1972.

［2］［美］斯蒂芬·范埃弗拉著，陈琪译．政治学研究方法指南［M］．北京：北京大学出版社，2006.

［3］李秀林、王于、李淮春．辩证唯物主义和历史唯物主义原理［M］．北京：中国人民大学出版社，1984.

［4］陈孔立．台湾学导论［M］．台北：博扬文化事业有限公司，2004.

［5］陈振明．政治学——概念、理论和方法［M］．北京：中国社会科学出版社，2004.

［6］《中国大百科全书》总编委会．中国大百科全书·哲学卷［M］．北京：中国大百科全书出版社，1987 .

［7］陈振明．政治学［M］．北京：中国社会科学出版社，1999.

［8］李晓庄．揭李登辉底牌［M］．香港：利文出版社，1996.

［9］李敖．李登辉的真面目［M］．北京：中国友谊出版公司，2000.

［10］中共中央马克思恩格斯列宁斯大林著作编译局编．马克思恩格斯选集（第二卷）［M］．北京：人民出版社，1995.

［11］国务院台湾事务办公室研究局编．台湾问题文献资料选编［M］．北京：人民出版社，1994 .

［12］周玉蔻．李登辉的一千天 1988—1992［M］．北京：新华出版社，1993 .

［13］刘红．从“执政”到“在野”［M］．厦门：鹭江出版社，2000.

［14］邓小平．邓小平文选（第三卷）［M］．北京：人民出版社，1993.

［15］海峡两岸关系协会．两岸对话与谈判重要文献选编［M］．北京：九州出版社，2004.

［16］海峡两岸关系协会．“九二共识”历史存证［M］．北京：九州出版社，2005．

［17］全国台湾研究会、姜殿铭主编．台湾一九九五［C］．北京：九洲图书出版社，1996．

［18］全国台湾研究会、姜殿铭主编．台湾一九九六［C］．北京：九洲图书出版社，1997．

［19］国务院台湾事务办公室．中国台湾问题外事人员读本［M］．北京：九州出版社，2006．

［20］中国社会科学院台湾研究所．台湾问题重要文献资料汇编（1978．12—1996．12）［M］．北京：红旗出版社，1997．

［21］刘国深．当代台湾政治分析［M］．北京：九州出版社，2002．

［22］刘国深．当代台湾政治概论［M］．北京：九州出版社，2006．

［23］陈孔立．台湾历史纲要［M］．北京：九洲图书出版社，1996．

［24］全国台湾研究会，姜殿铭主编．台湾一九九一［C］．北京：中国友谊出版公司，1992．

［25］全国台湾研究会，姜殿铭主编．台湾一九九二［C］．长春：吉林文史出版社，1993．

［26］全国台湾研究会，姜殿铭主编．台湾一九九三［C］．北京：中国友谊出版公司，1994．

［27］全国台湾研究会，姜殿铭主编．台湾一九九四［C］．北京：北京出版社，1995．

［28］全国台湾研究会、姜殿铭主编．台湾一九九七［C］．北京：九洲图书出版社，1998．

［29］刘国奋．台湾的“务实外交”［M］．厦门：鹭江出版社，2000．

［30］张文生、王茹．民进党选举策略研究［M］．北京：九州出版社，2005．

［31］陈孔立．台湾历史纲要［M］．北京：九洲图书出版社，1996．

［32］亨廷顿著，刘军宁译．第三波——20世纪后期民主化浪潮［M］．上海：上海三联书店，1998．

［33］曼纽尔·卡斯特著，夏铸九、黄丽玲等译．认同的力量［M］．北

京：社会科学文献出版社，2003.

［34］常燕生、辛旗．转型期的台湾政治［M］．北京：华艺出版社，1990.

［35］李家泉．李登辉主政台湾之后［M］．北京：中国言实出版社，1997.

●台湾

［1］戚嘉林．李登辉两岸政策十二年［M］．台北戚嘉林，2005.

［2］邹景雯．李登辉执政告白实录［M］．台北：印刻出版有限公司，2001.

［3］王云五．云五社会科学大辞典：政治学［M］．台北：台湾商务印书馆，1973.

［4］李登辉．台湾的主张［M］．台北：远流出版事业股份有限公司，1999.

［5］李登辉、中嶋嶺雄著，骆文森，杨明珠译．亚洲的智略［M］．台北：远流出版事业股份有限公司，2000.

［6］金美龄、周英明著，张良泽译．日本啊台湾啊［M］．台北：前卫出版社，2001.

［7］范昭明．少年李登辉［M］．台北：商周文化事业股份有限公司，1995.

［8］徐宗懋．日本情结——从蒋介石到李登辉［M］．台北：天下文化，1999.

［9］李敖．共产党李登辉［M］．台北：李敖出版社，1989.

［10］徐宗懋．关于李登辉同志的若干历史问题［M］．台北：时英出版社，2004.

［11］彭明敏．自由的滋味——彭明敏回忆录［M］．台北：台湾文艺出版社，1987.

［12］张慧英．李登辉：1988—2000 执政十二年［M］．台北：天下远见出版股份有限公司，2000.

［13］王振寰．台湾社会［M］．台北：巨流图书公司，2003.

［13］台湾“行政院新闻局”编．蒋“总统”经国先生“七十五年”言

论集［M］. 台北：正中书局，1987.

［14］台湾师范大学人文教育研究中心. 台湾文化事典［M］. 2004.

［15］石之瑜. 当代台湾的中国意识［M］. 台北：正中书局，1993.

［16］李炳南. 不确定的“宪政”——第三阶段“宪政”改革之研究［M］. 台北：扬智文化事业股份有限公司，1998.

［17］台湾“中央日报”编印. 历史巨人的遗爱［M］. 台北：“中央日报”出版部，1988.

［18］台湾“行政院新闻局”编印. 统一是中国唯一的道路——李“总统”登辉先生言论选粹［M］. 1991.

［19］台湾“行政院新闻局”辑印. 开创未来——迈向中华民族的新时代［M］. 1992.

［20］陆铿、马西屏采访记录. 别闹了，登辉先生［M］. 台北：天下远见出版股份有限公司，2001.

［21］张慧英. 超级外交官——李登辉和他的“务实外交”［M］. 台北：时报文化出版公司，1996.

［22］台湾“外交部外交年鉴”编辑委员会.“中华民国八十年外交”年鉴［M］. 台北：1991.

［23］黄年. 李登辉“总统”的最后一千天［M］. 台北：联经出版事业公司，2000.

［24］蓝博洲. 共产青年李登辉［M］. 苗栗：红岩出版社，2000.

［25］上坂冬子著，骆文森、杨明珠译. 虎口的“总统”——李登辉与曾文惠［M］. 台北：先觉出版社，2001.

［26］丁远超. 存在与希望：侧写李登辉的执政智慧［M］. 台北：远流出版公司，1995.

［27］台湾“外交部外交年鉴”编辑委员会编.“中华民国八十七年外交”年鉴［M］. 台北：1998.

［28］邹景雯. 李登辉给年轻人的十堂课［M］. 台北：四方书城有限公司，2006.

［29］群策会策划. 从 T 到 T+——台湾 21 世纪“国家总目标”［M］. 台北：玉山社出版事业股份有限公司，2003.

［30］张曼溪．林洋港的“总统”之路［M］．台北：麦田出版股份有限公司，1999.

［31］黄子华．李登辉的“治国”理念与政策［M］．台北：黎明文化事业股份有限公司，2006.

［32］蔡石山．李登辉与台湾的国家认同［M］．台北：前卫出版社，2006.

［33］彭怀恩．台湾政治发展的反思［M］．台北：风云论坛出版社有限公司，2000.

［34］戴宝村．台湾政治史［M］．台北：五南图书出版股份有限公司，2006.

［35］戴国辉、王作荣．爱憎李登辉［M］．台北：天下远见出版股份有限公司，2001.

［36］游紫玲．李登辉先生与台湾民主化［M］．台北：玉山社出版事业股份有限公司，2004.

［37］林耀淞．李登辉与国民党分裂［M］．台北：海峡学术出版社，2004.

［38］张炎宪．李登辉“总统”访谈录一早年生活［M］．台北：允晨文化实业股份有限公司，2008.

［39］张炎宪．李登辉“总统”访谈录一政坛新星［M］．台北：允晨文化实业股份有限公司，2008.

［40］张炎宪．李登辉“总统”访谈录一信仰与哲学［M］．台北：允晨文化实业股份有限公司，2008.

［41］蒋永敬．国民党兴衰史［M］．台北：台湾商务印书馆股份有限公司，2003.

［42］王力行．无愧：郝柏村的政治之旅［M］．台北：天下文化出版股份有限公司，1993.

［43］官丽嘉．诚信——林洋港回忆录［M］．台北：天下文化出版股份有限公司，1995.

［44］黄年．李登辉的“宪法”变奏曲［M］．台北：联经出版事业公司，1998.

［45］黄年．李登辉的心灵写真录［M］．台北：联经出版事业公司，1998.

［46］刘国基．“两国论”全面观察［M］．台北：海峡学术出版社，1999.

［47］许宗力．“两国论”与台湾“国家定位”［M］．台北：学林文化事业有限公司 2000.

［48］苏起．危险边缘：从“两国论”到“一边一国”［M］．台北：天下远见出版股份有限公司，　2003.

［49］若林正丈著，洪金珠、许佩贤译．台湾：分裂国家与民主化［M］．台北：月旦出版社股份有限公司，1999.

［50］卢建荣．分裂的国族认同：1975—1997［M］．台北：麦田出版社，2002.

［51］卢建荣．台湾后殖民国族认同：1950—2000［M］．台北：麦田出版社，2003.

［52］台湾历史学会．国家认同论文集［C］．台北：稻乡出版社，2001.

［53］王晓波．浩然集：李扁路线总批判［M］．台北：海峡学术出版社，2006.

［54］张富忠、张万兴．绿色年代——台湾民主运动 25 年（1975—1987）［M］．台北：INK 印刻出版有限公司，2005.

［55］柯义耕（Kagan，Richard C.）著，萧宝森译．台湾政治家：李登辉［M］．台北：前卫出版社，2008.

［56］刘栩瑞、史国强．李登辉帝国末日［M］．台北：笙易有限公司文化事业部，2000.

［57］“台湾主权与一个中国论述大事记编辑小组”．台湾主权与一个中国论述大事记［M］．台北：“国史馆”印行，2002.

［58］陈新民．1990 年—2000 年台湾“修宪”纪实——十年“宪政”发展之见证［M］．台北：学林文化事业有限公司，2002.

［59］陈志奇．台海两岸关系实录（1979—1997）［M］．台北：“财团法人国家建设文教基金会，台海两岸关系研究中心”，1998.

［60］王甫昌．当代台湾社会的族群想像［M］．台北：群学出版有限公

司，2003.

［61］江宜桦. 自由主义、民族主义与国家认同［M］，台北：扬智文化事业股份有限公司，1998.

二、外文著作

［1］Shelley Rigger. Taiwan's rising rationalism：generations，politics，and "Taiwanese nationalism" ［M］. Washington，DC：East－West Center Washington，2006.

［2］John F. Copper. Taiwan' s 2000 presidential and vice presidential election：consolidating democracy and creating a new era of politics ［M］. Baltimore，Maryland：University of Maryland School of Law，2000.

［3］John F. Copper. The Taiwan political miracle：essays on political development，elections，and foreign relations ［M］. Lanham：East Asia Research Institute，University Press of America，1997.

［4］Denny Roy. Taiwan：a political history ［M］. Ithaca，New York：Cornell University Press，2003.

［5］Gerrit Gong. Taiwan Strait dilemmas：China－Taiwan－U. S. policies in the new century ［M］. Washington，D. C.：Center for Strategic and International Studies，2000.

［6］Murray A. Rubinstein. Taiwan：a New history ［M］. Armonk，New York：M. E. Sharpe，1999.

［7］Robert M. Marsh. The great transformation：social change in Taipei，Taiwan since the 1960s［M］. Armonk，N. Y.：M. E. Sharpe，1996.

［8］Christopher Hughes. Taiwan and Chinese nationalism：national identity and status in international society ［M］ London：Routledge，1997.

［9］Clive Jones and Caroline Kennedy－Pipe. International security in a global age：securing the twenty－first century ［M］. London：F. Cass，2000.

［10］John F. Copper. TAIWAN：Nation－State or Province? ［M］. Colorado：Westview Press，2003.

［11］Dafydd Fell. Party Politics in Taiwan ［M］. London and New

York：Routledge，2005.

[12] Shelley Rigger. Politics in Taiwan：Voting for democracy [M]. London and New York：Routledge，1999.

[13] Muthiah Alagappa. Taiwan' s Presidential Politics [M]. Armonk，New York：M. E. Sharpe，2001.

[14] Nancy Bernkopf Tucker. Dangerous Strait [M]. New York：Columbia University Press，2005.

[15] Dawson E. Richard and Kenneth Prewitt. Political Socialization [M]. Boston：Little，Brown and Company，1969.

三、期刊论文

[1] 刘国深. 试论百年来“台湾认同”的异化问题 [J]. 台湾研究集刊，1995，(3/4)：95—102.

[2] 毛仲伟. “台独”与“独台”的同一性和差异性及走向 [J]. 台湾研究集刊，1994，(1)：26—32.

[3] 本刊编辑部. “一个中国”的原则不容动摇 [J]. 台湾研究论坛，1994，(7)：1.

[4] 辛芳译. 李登辉与司马辽太郎对谈录“孤岛的痛苦——生为台湾人的悲哀” [J]. 台湾研究论坛，1994，(7)：6—12.

[5] 魏碧海. 李登辉加入和脱离中共内幕——李登辉入党介绍人吴克泰访谈录 [J]. 军事历史，2004，(2)：6—8.

[6] 刘国深. 台湾政治文化“脱中国化”现象刍议 [J]. 台湾研究集刊，1996，(4)：1—7.

[7] 王在希. 台湾“新党”成立背景及发展趋势分析 [J]. 台湾研究集刊，1993，(4)：59—69.

[8] 王升. 李登辉关于两岸关系定位的主张之演变 [J]. 台湾研究，1994，(3)：67—73.

[9] 余克礼. 从“台海两岸关系说明书”看台当局大陆政策的本质特征 [J]. 台湾研究，1994，(4)：1—6.

[10] 范希周. 1979 年以来台湾“总体外交”政策分析 [J]. 台湾研究集刊，1987，(4).

［11］陈萍．试析台湾当局的“务实外交”［J］．当代亚太，1996，（4）：65—78.

［12］孙云、董云．冷战后的中日关系与台湾问题［J］．台湾研究集刊，2001，（1）：18—24.

［13］林旅．李登辉踏出“新国家”的第一步［J］．台湾《民进》周刊，1990，（1）.

［14］刘国奋．李登辉“务实外交”综评［J］．台湾研究，2000，（3）：78—85.

［15］冯邦彦、赖文凤．台湾当局“南向政策”透视［J］．暨南学报（哲学社会科学），2003，（6）：1—7.

［16］汪慕恒．台湾当局的“南向政策”评析［J］．台湾研究集刊，1999，（1）：36—40.

［17］张文生．台湾第四次“修宪”与岛内政治斗争［J］．台湾研究集刊，1997，（4）：8—14.

［18］盛健、党朝胜．试论台湾“宪改”的法律作用［J］．台湾研究，1995，（1）：53—55.

［19］魏东升．李登辉加入、脱离中共的真实内幕——专访两位当事人吴克泰、徐懋德先生［J］．党史纵横，2004，（7）：26—28.

［20］李强．从“十四全”看国民党内部矛盾［J］．台湾研究集刊，1993，（4）：53—58.

［21］杨立宪．台湾“宪政改革”再透视［J］．台湾研究，1994，（3）：60—66.

［22］余克礼．“两国论”是台湾当局现行两岸政策的核心［J］．台湾研究，2002，（1）：1—5.

［23］张文生．新台湾人主义评析［J］．台湾研究，1999，(3)：42—46.

［24］王升．“一个中国”的结与解［J］．台湾研究，1998，(1)：22—27.

［25］黄嘉树．“一个中国”内涵与两岸关系［J］．台湾研究，2001，（4）：1—5.

［26］林劲．“一个中国”原则的核心地位——再读江总书记讲话的思考［J］．台湾研究集刊，1998，（1）：32—38.

[27] 刘文宗. 背叛国家民族利益的“台独”自白书——评李登辉的《台湾的主张》[J]. 台湾研究，2000，(1)：39—49.

[28] 周志怀. 关于1995—1996年台海危机的思考 [J]. 台湾研究集刊，1998，(2)：1—7.

[29] 刘红. 关于“一个中国”原则的思考 [J]. 台湾研究，1999，(1)：6—13.

[30] 吴福文、张树廷. 客家人在台湾政坛的“副首”角色——兼谈李登辉的族属问题 [J]. 福州大学学报（哲学社会科学版），2006，(3)：5—10.

[31] 李松林、戴余冰. 李登辉“两个中国”政策面面观 [J]. 北京科技大学学报（社会科学版），2001，(3)：45—49.

[32] 杨梓. 李登辉大陆政策思想研究 [J]. 台湾研究，1994，(1)：24—32.

[33] 杨毅周. 李登辉分裂主义批判 [J]. 台湾研究，1995，(4)：1—3.

[34] 刘国奋. 李登辉谋求重新“定位”两岸关系问题之分析 [J]. 台湾研究，1999，(4)：17—21.

[35] 刘国深. 李登辉时代台湾政治文化变迁初探 [J]. 台湾研究，1994，(1)：17—23.

[36] 刘红. 李登辉是如何危害国民党的？[J]. 台湾研究，2000，(3)：26—32.

[37] 党朝胜. 李登辉在意识形态领域的分裂活动简述 [J]. 台湾研究，1999，(4)：48—53.

[38] 刘佳雁. 两岸政治关系中“一个中国”问题之省思 [J]. 台湾研究，1998，(4)：27—32.

[39] 曹治洲. 略论李登辉大陆政策的“台独”本质 [J]. 台湾研究，1996，(3)：13—18.

[40] 林劲. 评李登辉的“台湾生命共同体” [J]. 台湾研究集刊，1995，(3/4)：103—108.

[41] 李建敏. 试析李登辉主政后国民党的变化 [J]. 台湾研究集刊，

1994，(4)：25—32.

［42］曹治洲. 台湾当局大陆政策的症结［J］. 台湾研究，1994，(4)：7—14.

［43］张文木. 台湾问题与中国前途——兼评李登辉《台湾的主张》［J］. 战略与管理，1999，(5)：5—15.

［44］林劲. 现阶段台湾当局大陆政策的基本目标及其影响［J］. 台湾研究集刊，1994，(3)：6—18.

［45］张莉萍. 试论台湾新党的大陆政策［J］. 国际政治研究，2001，(1)：113—117.

［46］赵家祥. 简论社会存在与社会意识的划分［J］. 思想理论教育导刊，2002，(5)：17—20.

［47］杨河. 马克思认识论基本思想的形成及其历史意义——从《1844年经济学哲学手稿》到《德意志意识形态》［J］. 北京大学学报（哲学社会科学版），2002，(1)：64—69.

［48］薛龙根. "务实外交"实为分裂中国［J］. 国外社会科学情况，1998，(4)：43—47.

［49］谢郁. 1999年台湾"务实外交"评析［J］. 台湾研究，2000，(1)：64—68.

［50］周忠菲. 李登辉"两国论"出台背景分析［J］. 世界经济研究，1999，(6)：19—22.

［51］萧敬、张黎宏. 论台湾推行"务实外交"对两岸关系发展的冲击［J］. 1995，(4)：6—11.

［52］邱桂荣. 台湾"务实外交"的国际空间［J］. 国际资料信息，1999，(5)：17—20.

［53］刘玉印. 台湾加入世界贸易组织问题回顾与浅析［J］. 国际关系学院学报，2006，(2)：24—27.

［54］赵宝煦. 台湾问题：影响中美关系的重要因素［J］. 北京大学学报（哲学社会科学版），1997，(1)：116—125.

［55］陈孔立. 台湾"去中国化"的文化动向［J］. 台湾研究集刊，2001，(3)：1—11.

［56］张文生．从本土化或全球化看两岸关系：两种不同的政治思维［J］．台湾研究集刊，2001，（4）：40—47．

［57］蔡子民．台湾“本土化”思潮与“文化台独”［J］．台声杂志，2001，（4）：14—15．

四、报纸文章

［1］新华社评论员．分裂没有出路［N］．人民日报，1999—7—22．

［2］李登辉与青年作家共度“文学的下午”［N］．台湾：中华日报，1994—10—16．

［3］人民日报评论员、新华社评论员．一篇鼓吹分裂的自白——评李登辉在康奈尔大学的演讲［N］．人民日报，1995—7—24．

［3］徐宗懋．228后从事反政府地下活动，李登辉首度坦承曾加入谢雪红组织［N］．台湾：中国时报，2006—2—21．

［4］徐宗懋．陈炳基：地下党曾想救出张学良［N］．台湾：中国时报，2003—2—28（11）．

［5］“总统”发布遗嘱奉行令［N］．台湾：中国时报，1988—1—14（2）．

［6］“总统”发布紧急处分令、“国丧”期禁止集会游行［N］．台湾：中国时报，1988—1—14（1）．

［7］执政党暂不推举新任主席，有关议题延十三全会决定［N］．台湾：中国时报，1988—1—16（1）．

［8］39位执政党“立委”签署联合声明，呼吁推任“李总统”代理党主席［N］．台湾：中国时报，1988—1—19（2）．

［9］执政党通过充实“中央民代机构”方案，将交有关部门立法并拟定办法施行［N］．台湾：中国时报，1988—2—4（1）．

［10］李登辉记者会问答摘要［N］．台湾：中国时报，1988—2—23（2）．

［11］黄辉珍．体质结构的重整、民主实验的起点——国民党十三全会闭幕总评［N］．台湾：中国时报，1988—7—14（2）．

［12］李代主席十三全会开幕致词全文［N］．台湾：中国时报，1988—7—8（2）．

［13］创新而不忘旧、前进而不忘本——蒋夫人于中国国民党十三全会致词全文［N］. 台湾：中国时报，1988—7—9（2）.

［14］“副总统”人选出现黑马 李元簇将获提名［N］. 台湾：中国时报，1990—2—2（1）.

［15］拥护蒋纬国“资深国代”强烈反弹，不管党部如何决定者坚持到底［N］. 台湾：中国时报，1990—2—3（2）.

［16］陈守国. 揭开“非主流派”结合内幕［N］. 台湾：中国时报，1990—3—6（2、3）.

［17］彭明敏支持李“总统”竞选连任［N］. 台湾：中国时报，1990—2—10（2）.

［18］李“总统”：圣经的一段话让我安心睡着［N］. 台湾：中国时报，1990—3—12（2）.

［19］“正副总统”候选人选举方式引发党内激辩［N］. 台湾：中国时报，1990—2—12（1）.

［20］政局不稳、全民皆输——一群海内外知识分子对当前时局的呼吁［N］. 台湾：中国时报，1990—2—26（2）.

［21］李主席：执政党无一不可检讨，也无一不可调整［N］. 台湾：中国时报，1990—2—8（2）.

［22］张慧英. “郝揆”：政府对“台独”绝无妥协余地［N］. 台湾：中国时报，1991—3—23（1）.

［23］不支持一个中国政策，就不要作国民党党员［N］. 台湾：中国时报，1992—10—7（2）.

［24］林洋港：竞选“总统”需要客观条件配合［N］. 台湾：中国时报，1993—7—14（2）.

［25］郝：一人“修宪”；李：你有偏见［N］. 台湾：中国时报，1994—8—4（1）.

［26］“李总统”：大家都是中国人，都是台湾人［N］. 台湾：中国时报，1994—6—10（1）.

［27］黄辉珍、林进坤. 台湾政坛最热的一季［N］. 台湾：中国时报，1990—2—12（6）.

[28]“李揆”论政主张鲜明 [N]. 台湾：中国时报，1990—3—25 (1).

[29] 全国人大常委会. 告台湾同胞书 [N]. 人民日报，1979—1—1 (1).

[30] 徐向前关于停止对大金门等岛屿炮击的声明 [N]. 人民日报，1979—1—1.

[31] 解放军驻福建地区部队发言人关于停止向台湾空飘海漂宣传品的谈话 [N]. 人民日报，1986—3—23.

[32] 中常会通过开放大陆探亲政策，原则同意不限制年龄均得前往 [N]. 台湾：中国时报，1987—10—15 (2).

[33] “李总统”：中国统一的契机已经展现 [N]. 台湾：中国时报，1990—10—8 (2).

[34]“李总统”：大陆政策首要考虑台湾地区两千万人安全与幸福 [N]. 台湾：中国时报，1990—10—8 (2).

[35] 海峡交流基金会秘书长陈长文表示：基金会将规划和中共接触 [N]. 台湾：中国时报，1990—11—22 (3).

[36] 国家统一纲领全文 [N]. 台湾：中国时报，1991—2—24 (2).

[37] 迎接两岸以对话解决争议的新时代——对“辜汪会议”过程和结果的平议 [N]. 台湾：中国时报，1993—4—30 (3).

[38] 李登辉：坚持“中华民国”立场才不会落入中共圈套 [N]. 台湾：中国时报，1992—12—16.

[39] “台海两岸关系说明书”全文 [N]. 台湾：中国时报，1992—12—16.

[40] 江泽民. 为促进祖国统一大业的完成而继续奋斗 [N]. 人民日报，1995—1—31 (1).

[41] 李“总统”：辜汪会谈显示两岸对等地位事实已不容否认 [N]. 台湾：中国时报，1993—5—5 (2).

[42] 林碧炤：从政治实体到“两个国家”，追求统一长远目标没变 [N]. 台湾：中国时报，1999—7—10 (2).

[43]“总统府”官员：清楚定位有助加速两岸关系推展 [N]. 台湾：中国时报，1999—7—11 (3).

[44] 李“总统”：主张分裂国土、制造社会不安，应接受法律制裁[N]. 台湾：中国时报，1991—10—16 (1).

[45] 马英九. 两年来的大陆政策与两岸关系 [N]. 台湾：中央日报，1990—10—8.

[46]“国统委员”作成结论，确认一个中国两个政治实体 [N]. 台湾：中国时报，1992—8—2 (1).

[47] 李“总统”：“一中一台、台独”都将沦为文字游戏 [N]. 台湾：中国时报，1992—12—16 (1).

[48]“二届国大二次临会李总统国情报告全文”[N]. 台湾：中国时报，1993—1—5 (4).

[49] 李“总统”：亚太地区可设没有假想敌集体安全体系 [N]. 台湾：中国时报，1993—4—1 (3).

[50]“李总统：我将结合全民续推动参与联国”[N]. 台湾：中国时报，1993—9—24 (1).

[51]“江丙坤：将采一个中国为指向的阶段性两个中国政策”[N]. 台湾：中国时报，1993—11—22 (1).

[52]“李总统：中共处理千岛湖事件像土匪一样” [N]. 台湾：中国时报，1994—4—10 (1).

[53]“李总统：不能同意更改中华民国国号” [N]. 台湾：中国时报，1994—4—19 (1).

[54]“李登辉：大家都是中国人，都是台湾人”[N]. 台湾：中国时报，1994—6—10 (1).

[55] “李登辉：台独是自我孤立，不切实际” [N]. 台湾：中国时报，1994—10—29 (1).

[56]“李总统：我们的名称相当明确，就是中华民国”[N]. 台湾：中国时报，1994—8—10 (2).

[57] 民进党台湾前途决议文 [N]. 台湾：联合报，1999—5—9 (4).

[58]“李总统：中华民国已存在这么久，没必要再宣布独立”[N]. 台湾：中国时报，1996—5—18 (2).

[59]“中共再大也不会比我老爸大”[N]. 台湾：中国时报，1997—9—

17 (2).

[60] “李总统：两岸问题不在统独而在制度” [N]. 台湾：中国时报，1999—7—10 (3).

[61] “李总统：两岸是特殊的国与国关系” [N]. 台湾：中国时报，1999—7—10 (1).

[62] 李：追求“台独”是退步且危险的 [N]. 台湾：中国时报，2007—2—1 (2).

[63] “辜振甫：两岸新定位不影响辜汪会” [N]. 台湾：中国时报，1999—7—11 (3).

[64] “苏起：两国论系要建立更有效处理机制” [N]. 台湾：中国时报，1999—7—13 (2).

[65] 中共中央台办、国务院台办发言人就李登辉分裂中国言论发表谈话 [N]. 人民日报，1999—7—12.

[66] 汪道涵希望辜振甫就两岸会谈是“国与国会谈”说法予以澄清 [N]. 人民日报，1999—7—13.

[67] 陈云林强烈抨击李登辉“两国论” [N]. 人民日报，1999—7—16.

[68] 江泽民与美国总统克林顿通话重申中国政府在台湾问题上的严正立场 [N]. 人民日报，1999—7—19.

[69] 邵宗海：“两国关系论点重启统独争议” [N]. 台湾：中国时报，1999—7—11 (15).

[70] 十五全“特殊国与国关系”纳入决议文 [N]. 台湾：中国时报，1999—8—30 (2).

[71] 林浊水. 突破国家定位 李登辉有急迫感 [N]. 台湾：中国时报，1999—7—11 (15).

[72] “连战：李总统两国论厘清两岸定位 推动政治对话” [N]. 台湾：中国时报，1999—7—26 (3).

[73] 逾百学者吁停止推动“两国论” [N]. 台湾：中国时报，1999—7—19 (2).

[74] 对等、和平与双赢——“中华民国对‘特殊的国与国关系’的立场” [N]. 台湾：联合报，1999—8—2 (13).

［75］李登辉下指令向国际阐释“两国论”务实性［N］．台湾：中国时报，1999—7—16（2）．

［76］“李总统”：我是坚决反对“台独”的［N］．台湾：中国时报，1999—7—24（1）．

［77］连战：争取对等而不是独立［N］．台湾：中国时报，1999—7—24（2）．

［78］“李总统”：汪来访前须确认两岸对等关系［N］．台湾：中国时报，1999—7—28（1）．

［79］海基会董事长辜振甫谈话稿全文［N］．台湾：中国时报，1999—7—31（2）．

［80］“李总统”：两岸关系已成两个对等实体交往问题［N］．台湾：中国时报，1999—7—29（1）．

［81］“李总统”：“特殊国与国关系”是无可否认的［N］．台湾：中国时报，1999—8—10（1）．

［82］最新民调：43％民众支持“两国论”［N］．台湾：中国时报，1999—7—18（2）．

［83］陈水扁：“两国论”有利两岸双赢［N］．台湾：中国时报，1999—7—16（4）．

［84］海协会负责人就所谓“辜董事长谈话稿”发表谈话，人民日报，1999—7—31．

［85］江泽民在堪培拉会见中外记者时阐述在台湾问题上的原则立场［N］．台湾：中国时报，1999—9—9．

［86］“外部”表示：双重承认是手段而非目标［N］．台湾：中国时报，1989—1—6（3）

［87］人民日报评论员、新华社评论员．国际社会绝无“台独”生存空间——二评李登辉在康奈尔大学的演讲［N］．人民日报，1995—7—25．

［88］台湾问题与中国的统一［N］．人民日报，1993—9—1．

［89］“李总统”强调：统一中国目标不容动摇［N］．台湾：中国时报，1990—3—31（1）．

［90］民进党坚持依政党实力配置名额［N］．台湾：中国时报，1990—

3—27 (2).

[91] “李总统回应黄主席：两年内完成宪政改革”、“李黄会谈国民会议歧见消解大半”[N]. 台湾：中国时报，1990—4—3 (1、2).

[92] “宪法”问题在不预设结论下进行 [N]. 台湾：中国时报，1990—4—22 (2).

[93] “李总统”：务使改革目标如期如计达成 [N]. 台湾：中国时报，1990—6—29 (2).

[94] “总统”选举方式，执政党“修宪”策划小组最后攻防战 [N]. 台湾：中国时报，1992—3—9 (3).

[95] 三中全会爆发“世纪大辩论” [N]. 台湾：中国时报，1992—3—16 (2).

[96] “总统”选举方式依民意审慎研定 [N]. 台湾：中国时报，1992—3—17 (1).

[97] “李总统”：明年定要完成“宪改”[N]. 台湾：中国时报，1993—4—9 (2).

[98] “总统”直选是台湾政局安定的最后一关 [N]. 台湾：中国时报，1993—11—17 (2).

[99] 新同盟会表态支持“总统委任直选” [N]. 台湾：中国时报，1994—4—22 (2).

[100] “国大”设议长？民进党“国代”与部分学者抨击 [N]. 台湾：中国时报，1994—4—23 (2).

[101] 提“公投入宪”等六主张 民进党力主完成二阶段“修宪”[N]. 台湾：中国时报，1998—7—23 (4).

[102] 黄主文：选制、公投 今年“修宪”主议题 [N]. 台湾：中国时报，1999—1—5 (2).

[103] 陈水扁：“入宪”并非公投唯一必要条件 [N]. 台湾：中国时报，1999—4—12 (2).

[104] 民进党：“宪改”主张若无回应 退出会议 [N]. 台湾：中国时报，1999—5—30 (2).

[105] 阿扁促修宪落实“两国论”[N]. 台湾：中国时报，1999—7—15

（2）.

［106］“李总统”：国民党绝不支持“总统、国代”延任案［N］. 台湾：中国时报，1999—8—12（1）.

［107］“宪法”小修不如不修［N］. 台湾：中国时报，1994—4—1（2）.

［108］伍崇韬. “宪改”工程终极目标：冻结“宪法”另订台湾基本法？［N］. 台湾：中国时报，1999—9—6（2）.

［109］回到一九九二年，法统对法统的年代［N］. 台湾：中国时报，2000—4—29（3）.

［110］苏起建议：两岸以九二共识取代一中争执［N］. 台湾：中国时报，2000—4—29（2）.

五、电子文献

［1］台湾“外交部外交年鉴”编辑委员会. “中华民国八十八年外交年鉴”［EB/OL］.

http：//multilingual. mofa. gov. tw/web/web _ UTF－8/almanac/almanac1999/mo2/b. htm

［2］台湾“司法院大法官”解释. “释字第 261 号”［EB/OL］.

http：//www. judicial. gov. tw/constitutionalcourt/p03 _ 01. asp?expno=261

［3］台湾“司法院大法官”解释，“释字第 419 号”［EB/OL］.

http：//www. judicial. gov. tw/constitutionalcourt/p03 _ 01. asp?expno=419

［4］台湾政治大学选举研究中心重要政治态度分布趋势图［EB/OL］.

http：//esc. nccu. edu. tw/modules/tinyd2/index. php? id=3

［5］Sheila Miyoshi Jager. The Politics of Identity：History，Nationalism，and the Prospect for Peace in Post—Cold War East Asia［EB/OL］.

http：//www. strategicstudiesinstitute. army. mil/pubs/display. cfm? pubID=770

［6］台湾基督长老教会“台湾主权独立宣言”（1991 年）［EB/OL］.

http：//acts. pct. org. tw/bulletin/announce. ASP? id=051

六、学位论文

［1］黄安然．李登辉与战后台湾“宪法”变迁［D］．台北：台湾大学国家发展研究所，2004.

［2］孙玉平．台湾民主化与“国家意识”：影响“国家意识”转变之内外因素［D］．台中：中兴大学国际政治研究所，2006.

［3］廖育信．全球化对台湾国家认同的影响［D］．台北：台湾大学国家发展研究所，2007.

［4］曾丽蒨．李登辉时代第四次“修宪”议题之探讨——以“中央政府体制”为例［D］．台北：台湾师范大学三民主义研究所，2001.

［5］苏子乔．台湾“宪政体制”的变迁轨迹（1991－2006）——历史制度论的分析［D］．台北：台湾政治大学政治学系，2007.

［6］赖志远．李登辉主政时期美中台三边关系之研究［D］．台中：中兴大学国际政治研究所，2007.

［7］李昭铃．李登辉政治领导风格之研究［D］．南投：暨南大学公共行政与政策学系，2008.

后　记

本书是在我的博士论文的基础上修改而成的。

这几年，我一边工作，一边学习，课题、论文堆积在一起，压力一直驱使我向前迈进。我很幸运，有导师林仁川教授对我的宽容和关爱，有各位老师和同事的支持，经过多年的努力，我终于完成了博士论文。在学习和写作博士论文的过程中，我努力以历史学的规范来要求自己，这主要是台湾研究院历史研究所的老师们严谨的治学作风对我的影响和教导作用。我时时刻刻都牢记周翔鹤老师的忠告，“博士论文一定要认真写，要写出水平”。虽然结果未必尽善尽美，但是写作的过程给了我许多难得的收获和经验的积累。这对于我以后进一步提高台湾问题研究的水平，让我在台湾问题研究的领域更上一个台阶，是一项鞭策，是一股动力，也是一份收获。

应当说，博士学习阶段的训练是一段很重要的经历，对我的一生都是宝贵的财富。感谢导师林仁川教授的厚爱，不辞辛劳，一字一句地批阅我的博士论文，并提出宝贵的修改意见。感谢历史研究所邓孔昭教授、李祖基教授、周翔鹤老师、陈小冲老师等等许多师友的教导和支持。厦门大学台湾研究院秉持“历史地、全面地、实事求是地认识台湾，促进海峡两岸学术交流，为祖国统一大业服务”的宗旨，是指导我学习、研究和工作的原则和精神。感谢台湾研究院领导和同事的理解和支持，使我能够在工作的同时，完成学业。

这几年，我的家人的支持和鞭策也是促使我完成学业的重要动力，我的妻儿始终关注和支持我的学业，我的父母和长兄也不时敦促我加紧论文的写作，我要感谢他们无私的支持和关爱。

我也要谢谢一直关心和支持我的朋友，包括台湾夏潮基金会的宋东文董事长、高雄辅英科技大学的苏嘉宏教授、彰化师大的李毓峰老师，由于他们的支持，使我得以顺利到台湾进行短期研究，查找和收集相关资料。感谢所有支持和关注我的博士研究生阶段学习的老师、同事、同学和朋友，你们的支持是我学习和工作的最大动力和助力。谢谢大家！